DÉJALO Fluir

un sello de
V&R Editoras

‣ **Edición:** Gonzalo Marín
‣ **Coordinación de diseño:** Marianela Acuña
‣ **Diseño de interiores:** Cristina Carmona
‣ **Fotografía de tapa:** Ricardo Ávila

Texto e ilustraciones © 2019 Priscila Alvarez Sánchez
© 2019 Vergara y Riba Editoras, S. A. de C. V.
www.vreditoras.com

MÉXICO:
Dakota 274, colonia Nápoles,
C. P. 03810, Del. Benito Juárez, Ciudad de México
Tel./Fax: (5255) 5220–6620/21 · 01800-543-4995
e-mail: editoras@vreditoras.com.mx

ARGENTINA:
Florida 833, piso 2, oficina 203
(C1005AAQ) · Buenos Aires
Tel.: (54-11) 5352-9444

Primera edición: octubre 2019

ISBN: 978-607-8614-98-1

Impreso en México en Litográfica Ingramex, S. A. de C. V.
Centeno No. 195, Col. Valle del Sur, C. P. 09819
Delegación Iztapalapa, Ciudad de México.

DÉJALO Fluir

PRISCILA ALVAREZ Cajafresca

ÍNDICE

INTRODUCCIÓN

¿Has sentido que no sabes a qué viniste al mundo? ¿Te mueres por saber qué es lo que el universo quiere decirte? ¿Te encantaría descifrar todas esas señales que recibes en tu vida?

Como tú, también he tenido muchas preguntas sobre mis emociones y las decisiones que he tenido que tomar: ¿debo estudiar lo que quiero o lo que dicen mis papás? ¿Lo amo, pero siento que no puedo amarme yo primero? ¿Por qué se me hace más fácil ver en los demás lo que debería buscar en mí?

Déjalo fluir es un viaje increíble en el que te llevaré de la mano a estar bien contigo mismo, mientras realizamos múltiples paradas en el autoconocimiento. Sé que no es fácil empezar a hacer algo por ti por el simple hecho de querer estar mejor. Y también porque al final no falta la pregunta: ¿seré egoísta si hago lo que quiero?

Me he preguntado esto antes, por eso creí que era necesario este libro. Tuve que escribirlo

porque sentí que podía ayudarte de alguna forma. Todos necesitamos ciertas palabras para poder salir adelante, dejar de frustrarnos y lograr nuestros objetivos.

Si tu meta es tener una mejor actitud ante la vida, entender para qué y por qué te suceden las cosas buenas o malas, o recuperar el amor y la confianza en ti mismo, ¡este libro es para ti! Te servirá para enfrentarte a tu propia mente y a tu propio corazón, te ayudará a reflexionar sobre quién eres y te llevará a entender el poder que tienes para cambiar tu vida.

A lo largo de estas páginas te compartiré cuál ha sido mi experiencia en la búsqueda de mi pasión, además de muchas anécdotas sobre cómo luché contra prejuicios y cómo logré cumplir esos sueños que alguna vez me dijeron que eran imposibles.

Déjalo fluir es una herramienta para tu vida. Reúne mi pasado con detalles que nunca pensé compartir. Pero algo pasó: crecí. Quise ver el lado positivo de las cosas y, al recolectar todas mis experiencias, las positivas y las negativas, vislumbré un nuevo objetivo: que sientas que no estás solo. Todos pasamos por un sinfín de situaciones que nos orillan a madurar y todos tenemos que tropezar con algunas piedras.

Este libro es el resultado de cientos de días llenos de experiencias (y de noches de llanto), de nerviosismo, de miedo, pero sobretodo de ganas de superar todos los obstáculos que se presentaban y me hacían pensar que no iba a poder lograrlo sola.

Escribirlo fue uno de mis sueños. Lo hice con mucho cariño y espero desde mi corazón que llegues a sentir mis experiencias como tuyas (porque bien podrían serlo). Si algo he aprendido es que a todos nos duelen las mismas cosas, todos sufrimos por un corazón roto o una ilusión desvanecida.

Así que las siguientes páginas están dedicadas justo para ti. A ti que te sentiste desesperado sin saber para dónde voltear o qué pasos seguir, a ti que alguna vez necesitaste a alguien que te dijera que no importaba lo que te estuviera sucediendo porque todo pasa.

Sí, a ti quisiera decirte que hay veces en las que solo tienes que sentarte a observar para poder seguir. Así que empecemos este viaje, respira y...

DÉJALO FLUIR.

CAPÍTULO

(1)

PÚBLICO

PRIVADO

Cuando subí mi primer video a YouTube, en ningún momento imaginé en lo que se iba a convertir mi pasatiempo. Adopté este hobby por recomendación de un amigo en el 2009, cuando me comentó en mi canal: "Oye, no sabía que tenías canal de YouTube, ¿por qué no subes videos?". En aquel entonces, aún podías dejar comentarios como si fuera perfil de Facebook. Después de esa pregunta, algo ocurrió y una enorme curiosidad se despertó en mí.

De entrada, me cuestioné a mí misma:

¿?

"OKEY... PERO ¿VIDEOS DE QUÉ?".

En ese entonces yo no conocía a nadie que lo hiciera. Apenas iniciaba en México la ola de subir vlogs a YouTube, y yo usaba mi canal para ver videos de música... y a Edgar, cuando se cayó.

i Ya, Wey !

00:00 / 0:45

En fin, 2009 fue un año en el que tuve mucho tiempo libre. Estaba pasando por momentos difíciles en mi vida: en la escuela había perdido el semestre, en mi casa tuve problemas con mis padres y me fui a vivir con mi papá, lo que se traducía en que literalmente podía hacer lo que quisiera porque mi papá siempre fue el más relajado y el que menos nos regañaba.

Era una etapa algo complicada para mí, tenía una autoestima inestable y empecé a subir de peso, pues comía por ansiedad. Mis problemas empezaron a reflejarse físicamente. Por supuesto, con el paso de los meses esto desencadenó una depresión y hasta desórdenes alimenticios. A esa edad, si no tienes una figura como la de todas las chicas de revista, es muy fácil sentir que no vales nada o que no eres suficiente.

Todo era muy intenso. Un día podía tener la mejor actitud ante la vida y, al día siguiente, verme al espejo y no gustarme para nada. Había veces en las que lloraba en los vestidores de las tiendas, pues la ropa no me quedaba. Recuerdo que mi inseguridad era enorme. Tristemente yo no comprendía que todo era un reflejo de mi estado emocional, que mi problema no era tener unos kilitos de más, sino que **ni siquiera me conocía ni me daba el tiempo de buscar mi felicidad por estar enfocada en los problemas a mi alrededor.** Esa fue la peor consecuencia de vivir fuera de mí misma.

Además, mis papás estaban pasando por una separación y una crisis económica, lo que hacía que el ambiente en casa fuera tenso y estuviera lleno de preocupación. Yo ni siquiera sabía bien qué hacer con mi futuro. Me gustaban la fotografía, el arte, el cine, los medios audiovisuales, pero mi familia no estaba convencida de que yo pudiera tener un futuro o un trabajo sólido si me dedicaba a las artes.

Al verme desorientada, algunos familiares, con la intención de ayudarme, querían tener el control sobre mí y mis decisiones. Los entendía perfecto, pero sus reglas y métodos simplemente no iban con mi forma de ver la vida y lo que quería lograr. Mientras sucedía todo esto, yo estaba en una relación que al inicio era muy linda, pero quedó dañada por todo lo anterior.

LOS TÍPICOS PROBLEMAS QUE CUALQUIER CHICA PODRÍA TENER A LOS 19 AÑOS,

¿no?

Fueron tiempos difíciles. Cuando todo parece desmoronarse a tu alrededor, sientes que tú serás lo siguiente en quebrarse. Y justo así me sentía...

¡ME PARECIÓ LA EXCUSA PERFECTA PARA EMPEZAR UN VIDEOBLOG!

▶ ‖ ▶▶ 🔊 00:00 / 0:45   ⚙ ☐

Verán, siempre he sido muy emocional. *Muy, muy emocional.* Sí, quiero hacer énfasis en el *muy*. **No puedo evitar expresarme a través de mis emociones, está en mí. Y a veces es una desventaja. Por eso tuve que aprender a conocerlas y manejarlas,** pero a eso me referiré más adelante.

Mis primeros videos... ¡Ay, mis primeros videos! (Suena música melancólica).

La verdad ahora ya me dan mucha vergüenza. Antes no era tan importante la calidad de los vlogs. Recuerdo que me grababa con la cámara integrada de mi laptop, así, de frente, casi con mi cara ocupando todo el cuadro. Generalmente buscaba una pared blanca y no me preocupaba tener iluminación extra ni un sonido decente.

En fin, aparte de estar pésimamente grabados, mis vlogs estaban llenos de esto que me desborda: *mis emociones.* Y cuando subí el primero, sentí cierta libertad: fue como quitarme un peso de encima.

¡FUE UN GRAN DESAHOGO!

▶ ❚❚ ▶▶❙ 🔊 00:00 / 0:45   ⚙ ▢

La primera semana quizá subí dos videos, la siguiente subí tres, y así sucesivamente. Hubo semanas en las que subía videos casi todos los días, a veces incluso dos el mismo día. Me gustaba hablar de cómo me sentía respecto a casi todo: mis inseguridades, la presión que sentía ante la vida y las expectativas (propias y familiares), **¡y vaya que tenía material para contar!**

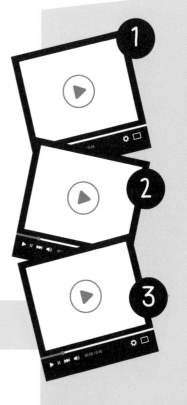

Al cabo de un par de meses, cientos de personas veían y comentaban estos videos que, al inicio, para mí representaban algo así como un diario personal audiovisual, una descarga para mi cabeza y mi corazón. ¡Y de pronto eran tema de conversación! La gente empezó a identificarse con lo que yo decía y sentía.

MI DIARIO PERSONAL ☆ DEJÓ DE SER TAN PERSONAL.

Alguna vez me pasó

Desde ese momento, mi vida empezó a ser parte de la vida de otras personas. ¡Y me encantó! Se sentía increíble leer en los comentarios que la gente pensaba como tú y que, de alguna manera, entendían por lo que pasabas porque a ellos les sucedía lo mismo o algo parecido. Era un sanar-sanar en cada video sin importar el tema del que hablara. Lo más significativo para mí era saber que no estaba sola y que quienes me veían supieran que no estaban solos.

Apenas hace unos años, ¡en YouTube todo era tan nuevo! Creabas contenido totalmente a tu gusto, la gente lo veía, se identificaba contigo, opinaba al respecto, ¡y listo!, seguía creciendo tu comunidad. Pero el panorama no siempre es color de rosa. Muchos de los que empezamos a hacer videos jugando no esperábamos ese crecimiento o popularidad y, como en todos lados, no toda la gente es buena.

Siempre han existido los trols, personitas que detrás de un usuario anónimo te comentan con el simple propósito de sacarte de tus casillas y hacerte reaccionar de

manera negativa. Pero antes solo quedaba ahí, en que te hicieran spam de comentarios ofensivos y tontos. Y lo mejor que podías hacer era ignorarlos y bloquearlos.

Hace unos años, jamás hubieras pensado que alguien pudiera hacerte daño realmente, ya sabes, más allá de la pantalla. Menos por algo tan inocente como hacer videos compartiendo tu punto de vista de las cosas: lo que te gusta, lo que no, en dónde prefieres comer, adónde quisieras viajar o cómo aprendes de tu vida.

Pero hace aproximadamente cuatro años, entendí lo delicado que era utilizar internet. En ese tiempo vivía con Morfo, uno de mis creadores de contenido favoritos. Recuerdo que en ese entonces yo trabajaba en TV Azteca. Estaba grabando una telenovela y ya casi era mi cumpleaños. Lo recuerdo perfecto. Un día, revisando mi correo temprano por la mañana, encontré un mensaje que decía más o menos así:

Hola, somos los hackers que secuestraron tu página de Facebook, nos dedicamos a robar páginas verificadas con muchos likes y las vendemos. Si no la liberas en 48 horas, tenemos informacion privada tuya que podemos usar en nuestro beneficio.

Después de sentir un mininfarto, me dije: **"Tranquila, Priscila, puede que sea solo una broma o spam para asustarte, no te dejes llevar".** En ese instante, abrí mi página de Facebook lo más rápido que pude. Y con los nervios en la boca del estómago, pero sin querer ser fatalista, me obligué a pensar que no iba a ser verdad y que todo estaría normal.

Al cargarse completamente mi página, noté algo: **¡los últimos posteos y publicaciones que había hecho el día anterior ya no estaban!** Y en la galería de fotos faltaban alrededor de dos o tres meses de contenido. Mi corazón empezó a sonar más fuerte en medio de mi pecho y corrí a la pestaña de configuración. (Por si nunca la han visto, hay una ventana donde se indica el usuario dueño de la cuenta y en donde puedes agregar administradores y editores a tu página). ¡Oh, sorpresa! Yo era editora, pero ¿quién estaba como dueño de la página? ¡No era mi nombre!

En ese momento la sangre se me fue a los pies, sentí un escalofrío por toda la espalda y luego mucho calor: el correo era verdad. ¿Te imaginas haberte atrevido a crear algo, compartirlo, haber formado una comunidad increíble y estar al pendiente día a día para que, de un momento a otro, un grupo de personas con conocimientos de computación secuestren tu página para venderla?

¡Suena loquísimo! Pero es algo que existe y que me pasó.

Así que ahí estaba yo, paralizada viendo el monitor. Mi primer pensamiento fue: **"Qué miedo que se metan a mi perfil personal y den con información de mi familia y luego quieran extorsionarme con dinero".** No tenía idea de quiénes eran estos tipos, de dónde salieron, qué tan peligrosos eran, cómo me encontraron o si iban por la vida cazando páginas como si nada. De hecho, aún no lo sé.

Sentí un vacío tremendo acompañado de un balde de agua helada al ponerme a pensar en todo el esfuerzo que había puesto en eso, y en lo efímero que era. Pensaba, sobre todo, en lo mucho que estaba conectada emocionalmente con algo que quizá no era por completo mío. Algo que en cualquier momento podía desaparecer o, peor aún, que me podían arrebatar sin más.

AHÍ APRENDÍ A NO ENTREGAR TODA MI PERSONA NI MI VIDA COMPLETA A LAS REDES SOCIALES. A NO DEPENDER ENTERAMENTE DE ELLAS.

Pasaron varios días y yo no podía hacer nada más que ser observadora del ultramoderno y cruel secuestro de mi página. Pero no fue el fin del mundo. Afortunadamente, conté con la ayuda de personas increíbles que días más tarde pudieron detectar y deslindar la cuenta que había invadido la mía.

¡Sentí un alivio! ¡Ni te imaginas!

Y no necesariamente tienes que ser alguien famoso o popular para que sufras este tipo de situaciones. ¿Cuántos de nosotros no conocemos a alguien a quien lo han amenazado? ¿O a quien han exhibido en redes sociales con fotos o videos íntimos? ¿O a quien le han hackeado su página y así han obtenido información de sus tarjetas de crédito o contraseñas? A todos nos puede pasar.

¿Cuándo fue la última vez que compartiste en tu Instagram fotos personales, de tu familia o de tus vacaciones, una selfi en tu escuela o afuera de tu casa? ¿Hace cinco minutos? Quizá, mientras sostienes este libro, estás tomando una foto o grabando una *story* con el celular en tu otra mano.

Cada minuto se crean cientos de miles de perfiles en todo el mundo y, al mismo tiempo, cientos de personas se dedican a robar información delicada para obtener algún beneficio. Si algo he defendido siempre es que internet es una herramienta increíble, pero también riesgosa. Tiene mucho poder para cualquier propósito que se utilice y puede ser algo positivo o algo negativo.

SI ALGO HE DEFENDIDO SIEMPRE ES QUE INTERNET ES UNA HERRAMIENTA INCREÍBLE, PERO TAMBIÉN RIESGOSA.

Tips para pasarla cool online

Los básicos

• Cuida lo que posteas en redes sociales. Los comentarios, fotos y videos que subas a internet se quedarán ahí para siempre. Es bueno detenernos a analizar si en un futuro nos gustaría que alguien descubriera eso de nosotros. ¿Te imaginas que en unos años consigues tu trabajo soñado y tu nuevo jefe encuentra un video tuyo en aquella fiesta en la que perdiste el control?

• No creas todo lo que lees o ves. Internet está saturado de información. Ten cuidado, pues mucha de esta información puede ser mentira. Hay sitios enteros dedicados a las noticias falsas, amarillistas y sensacionalistas. No caigas en su juego, sobre todo en temas de importancia. Verifica tus fuentes y no seas parte de este tornado de desinformación que solo contamina y confunde a las personas.

Algunos que quizá no sabías

• Utiliza las configuraciones de seguridad. No solamente a las grandes *corporaciones illuminatis* les interesa tu información privada. También a los cibercriminales que, como me hicieron a mí, pueden hackearte y obtener gran cantidad de tus datos personales. Usa herramientas como la doble verificación, así te llegará un código de seguridad a tu celular cada vez que inicies sesión en tu e-mail o cualquier red social.

• Acepta solo usuarios conocidos. Sí, suena a cuando tu mamá o tu abuelita te decían que no anduvieras hablando con extraños, pero créeme, es muy importante que sepas quién tiene acceso a tu información y vida privada. Entiendo que muchas veces conoces amigos por internet, el 90 % de mis amistades las hice ahí. Pero nunca aceptes a la primera ver a alguien que te contactó en línea. Sobre todo, cuando ni siquiera has visto su cara y actúa sospechoso e insistente.

• No te tomes las cosas tan en serio. Es muy sencillo crear una cuenta y decir lo que sea en internet. Y así como hay mucha gente aprovechando esta maravillosa herramienta, muchas otras personas la usan para descargar sus frustraciones en forma de insultos y críticas sin sentido. Si reaccionas, caerás en su juego. Así que simplemente ignóralos.

• Tapa tu webcam. El gorrito de aluminio no es necesario, no te preocupes. Pero hackear una cámara es más sencillo de lo que crees y más vale tomar medidas. Un pedacito de papel o una calcomanía encima de la cámara son suficientes.

Seguramente ya estás espantado con todo lo que te acabo de contar, pero no te asustes. Soy de la idea de que cada uno es libre de hacer lo que quiera y lo que recomiendo es según mi experiencia. Hoy es muy normal que la gente comparta todo de su día a día en redes sociales: subimos las fotos de nuestro viaje, tuiteamos cuando terminamos con nuestra pareja o cuando nos atienden mal en un restaurante y grabamos historias siendo felices en un parque de diversiones. A muchos incluso les gusta exponerse cuando la están pasando mal o cuando pelean con alguien.

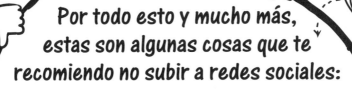

Por todo esto y mucho más, estas son algunas cosas que te recomiendo no subir a redes sociales:

Comentarios ofensivos o provocadores sobre política/religión

Quejas de tu trabajo

Acciones ilegales

Selfis en situaciones solemnes

Selfis comprometedoras

Problemas personales

Varios de estos puntos los aprendí en el camino y equivocándome, porque en su momento no tuve la prudencia o ignoré el hecho de que habría consecuencias. Además, detente a pensar un momento: si te la pasas compartiendo únicamente lo malo, no solo te estás generando recuerdos de la angustia y frustración que sentiste, sino que toda la gente que te ve y te lee tendrá esa percepción de ti.

Y no solo pienses en tu tía que quizá se preocupe porque terminaste con tu novio, piensa en las personas que en secreto quieren que te vaya mal: solo les estás dando el gusto de saberte en apuros. Mejor saca a relucir tus proyectos y tus logros. No hay necesidad de saturar todos los días a tu familia y a tus amigos con lo que haces, ni tampoco de privarlos de los momentos importantes. Seamos selectivos con lo que compartimos de nosotros mismos.

Algo que he aprendido en todo este tiempo conviviendo con miles de personas en internet es que **no debemos juzgar a ninguna persona por lo que vemos en línea sobre ella.** No me dejarán mentir: todos siempre intentamos dar nuestra mejor cara al mundo y que vean nuestra mejor versión. Yo lo hago. Pero eso no significa que no tenga días pesados en los que esté de mal humor y no me sienta bonita.

Es muy común que nos dejemos llevar por las apariencias, sobre todo en estos tiempos en los que cualquier contacto inicia visualmente y parece que nos sometemos a una carrera diaria para ver quién impresiona más a través de fotografías. Y quién refleja la vida más relajada, lujosa, feliz, perfecta y sin ningún tipo de preocupaciones.

Mucha gente quiere aparentar algo que no es y muchos otros, sin buscarlo, naturalmente dan una imagen de su persona que a veces es errónea. Nos olvidamos de que lo natural es un balance entre la lección y el aprendizaje, que no todo en la vida será felicidad, que no siempre estaremos en paisajes hermosos ni amaneceremos con un cutis perfecto y que no todos los días nos vestiremos con nuestras mejores prendas.

Lo digo porque he estado en ambos extremos. He sentido esa necesidad de aparentar que todo está bien, esa presión de dar el ejemplo de una vida en total armonía. Y me he sentido harta de intentarlo. Aprendí que la mejor manera de compartir lo que aprendo de la vida es siendo yo misma, mostrando mis logros y también mis fracasos, demostrando que no tengo miedo a ser humana, a equivocarme.

En mis conferencias me gusta contar la metáfora del río. Imagina que ves la Tierra desde muy lejos en el espacio. Te acercas un poco y empiezas a notar los continentes y los mares. Si te acercas un poco más, alcanzarás a ver los ríos. Elige uno. Observa su forma: la línea no cambia y por eso parece que se mantiene estático.

Pero si todavía te acercas más, notarás que el agua no se mantiene estática para nada. El agua fluye. Y no todo el trayecto del río es tranquilidad: habrá partes en donde el flujo sea más rápido, hasta agresivo y peligroso. En cambio, en otras zonas quizá el río esté calmado, tenga un melodioso sonido al pasar por piedras y flores, y hasta sirva de bebedero para cientos de especies que se nutren de él.

Nosotros somos el río, la vida es el agua y también el trayecto. No siempre será agradable y placentero el recorrido: habrá obstáculos que frenarán nuestro flujo y parecerá que nos estancamos.

SOLAMENTE HAY QUE FLUIR.

Todos los días me topo con chicos y chicas debatiendo sobre qué selfi subir. En cuál se nota menos la pancita o papada o cómo hacer para que no se vea que estoy triste. Nos preocupa armar una foto donde parezca que somos algo más de lo que en realidad somos. Aspiramos a ser algo perfecto que es solo una ilusión.

Quiero que sepas que, así como tú, todas las personas, artistas, actores, músicos, cantantes, influencers, beauty bloggers, absolutamente todos tenemos problemas. Todos pasamos por momentos de duda, de frustración y de miedo. No te creas el cuento de que otros tienen una vida perfecta y solo tu vida es un completo desastre. La vida de todos lo es en algún momento. Todos somos ríos. Y creo que es nuestra responsabilidad normalizar que no siempre las cosas salen como queremos.

Y SÍ, PODEMOS SACAR LO MEJOR DE TODO, HASTA DE LAS EXPERIENCIAS NO TAN AGRADABLES DE LA VIDA. ☆

En conclusión

Todos estamos expuestos
en el mundo de internet.

No confíes en nadie desconocido.

Cuida tus datos personales.

Antes de subir una foto, piensa si es algo
que en un futuro te gustaría que vieran.

No existen las vidas perfectas.

HALAGO

CRÍTICA

LO QUE HAGAS, HAZLO POR TI,
ALGUNOS SOLO PONDRÁN ATENCIÓN
SI TE EQUIVOCAS.

Mi abuelita siempre decía: **"No somos monedita de oro para caerle bien a todo el mundo".** Y sí, aunque estemos convencidos de estar haciendo las cosas bien, siempre nos criticarán. **Hablarán bien o mal de nosotros y será muy difícil que todos los que nos rodean concuerden con nuestra forma de pensar y de hacer las cosas.**

¡Bla bla!

¡Love! ♡

¿Por qué le damos tanta importancia a lo que otros opinen de nosotros? ¿Alguna vez te has hecho esa pregunta? Yo sí. Y encontré que está comprobado que los juicios que la gente hace sobre nosotros pueden llegar a herirnos a niveles muy profundos y afectar nuestra autoestima. **¡Imagínate qué fuerte!**

¡Bla bla!

Pero aceptémoslo, nosotros también hemos criticado cómo se ve alguien, o comentamos y compartimos un video viral en el que alguna persona se ve afectada por una pésima decisión. Todos somos parte de este gran círculo vicioso donde se nos señala y también señalamos. Claro, no todos critican con la misma intensidad ni con la misma intención. Muchas críticas son constructivas y pueden dejar cosas positivas. Pero en la actualidad, algunos usuarios de internet son cada vez más crueles y crudos al momento de juzgar, ya sea a un conocido o a un desconocido.

Y es que, tanto en el ámbito cotidiano como en el profesional, no podemos evitar toparnos con personas que hasta parece que les pagan por hacer sentir mal a los demás. Todos tenemos o hemos tenido cerca a algún criticón que:

* No nos habla ni sigue en redes sociales, pero como sea, está muy pendiente de nosotros y nuestra vida.

* Sabe lo que hacemos, adónde vamos y con quién.

* Es el primero en saber y comentar cuando nos equivocamos.

* Puede ser (un caso mucho más triste) incluso tu amigo o amiga y, a pesar de que parece que le caes bien y se comporta como alguien en quien puedes confiar, siempre te critica a tus espaldas.

Alguna vez me pasó

Tengo casi diez años conviviendo con mis seguidores en redes sociales y nunca me han faltado las críticas. Claro que siempre han sido más las personas que comentan con buena vibra, pero muchos otros "seguidores" aparecen solo para decir cosas negativas y molestar.

Después de tantos años, he pasado por muchas etapas: momentos felices, momentos tristes, momentos en los que me siento bien conmigo y momentos en los que no me gusta lo que veo y siento cero motivación. He tenido etapas de abundancia y otras de carencias. Y, de todos modos, **en esta montaña rusa que es la vida,** hay gente a la que nada le gusta ni la hace feliz y siempre tiene algo que criticarme, sin importar si estoy arriba o abajo.

Una mujer

- Si tiene curvas,
  es gorda.
- Si adelgaza,
  se ve enferma.
- Si se maquilla,
  es falsa.
- Si no lo hace,
  es descuidada.
- Si dice lo que piensa,
  es una altanera.
- Si no lo dice,
  es una sumisa.
- Si es muy femenina,
  es una princesa delicada.
- Si no es muy femenina,
  seguro es lesbiana.
- Si tiene trabajo estable,
  seguro se acostó con alguien.
- Si tiene negocio propio,
  seguro no sabe hacer otra cosa.

Un hombre

- Si va al gimnasio,
  es metrosexual.
- Si no va,
  es un flojo.
- Si sale con varias mujeres,
  es un mujeriego.
- Si no sale con nadie,
  seguro es pésimo en la cama o es gay.
- Si es chistoso,
  es inmaduro.
- Y si no lo es,
  es un aburrido.
- Si tiene un trabajo de oficina,
  es un Godínez *(que es la palabra que usamos en México para burlarnos de los oficinistas).*
- Si es emprendedor,
  no tiene futuro.

TODOS ESTOS ESTEREOTIPOS DEBERÍAN SER ELIMINADOS DE NUESTRA MENTE. ES IMPOSIBLE TENER CONTENTO A TODO EL MUNDO O TRATAR DE MANTENER SUS BUENAS OPINIONES.

Llevo muchos años recibiendo comentarios ofensivos en redes sociales y puedo garantizar que es así. Lo que yo hago con ellos **es borrarlos y si son demasiado groseros, bloqueo al usuario.** Decidí hacerlo simplemente para mantener mi comunidad sin mala vibra.

Imagínate que todos los días te llegaran mensajes de desprecio o burla. Quizá te afectarían directamente o quizá no, pero yo siento que dejarlos ahí genera una vibra negativa y una angustia que no necesito. Es muy desgastante leer comentarios negativos. Quizá yo lo note un poco más porque me encanta entrar todos los días a leer lo que me dicen, respondo lo que puedo y, de alguna manera, intento conectar con los seguidores que están ahí para apoyarme.

Muchas veces he leído y escuchado: **"Si eres una figura pública, debes aguantar lo que te digan los demás".** Entiendo perfecto a qué se refieren. Entiendo que estás expuesto a cualquier comentario porque, a tu manera, te exhibes en internet y, aunque no debería, puede haber consecuencias.

Aun así, hay una gran diferencia entre saber que eso pasa (y seguirá pasando) y soportar palabras ofensivas que no mereces. Uno tiene el poder de decidir de qué tipo de energía desea rodearse. No es cuestión de aguantar o ser valiente:

> **se trata de tomar el control de lo que entra en tu vida y elegir tener cerca solo lo que vale la pena y te suma.**

Claro que, en muchas ocasiones, caemos en el juego de los haters (esos críticos destructivos) y les contestamos. Hasta yo he caído en su red de mala vibra. Muchas veces sencillamente no es tu día, no estás de humor o no estás pasando por un buen momento y te dejas envolver por ese odio. Déjame decirte que eso es justamente lo que esas personas quieren: activar en ti una actitud a la defensiva y que reacciones como ellos, con agresiones.

Todos caemos en provocaciones de vez en cuando. Sobre todo de esa gente a la que no le importa qué digas o publiques, y simplemente espera su momento para comentar con alguna crítica disfrazada de opinión. Entonces, cuando empieces a sentir un fuego en tu pecho y en tu estómago, juntes tus mejores frases ofensivas y te dispongas a teclear hasta de lo que se va a morir, mejor te recomiendo lo siguiente:

* Respira profundo 3 veces.

* Repite: "no vale la pena desgastarme".

* Pregúntate:
   "¿esto influye en mi vida
   más allá de la pantalla?".

No, no es cualquier cosa. Es difícil lograr que no te afecte lo que digan. Al principio, cuando la gente empezaba a ver mis videos y alcanzaba las 300 visualizaciones por cada uno (¡lo que se me hacía un montón!), la mayoría de los comentarios eran positivos. Recuerdo que los leía con atención y en ese momento me llenaba una alegría grandísima.

¿A QUIÉN NO LE GUSTA QUE LE DIGAN COSAS BONITAS? SIEMPRE HE DISFRUTADO QUE MI AUDIENCIA, DE ALGUNA MANERA, SE IDENTIFIQUE CONMIGO.

Con el paso de los meses, mis videos fueron aumentando en números y popularidad. Ya no eran solo mis amigos de la escuela y uno que otro desconocido, ¡había más desconocidos que conocidos! Al principio se me hacía muy extraño, la verdad, darme cuenta de que cientos de personas detrás de un monitor me escuchaban y pensaban lo mismo. Pero todo empezó a cambiar cuando esas personas que no me conocían, que no habían convivido conmigo lo suficiente o simplemente con las que no tenía ningún contacto, comenzaron a expresar una opinión grosera y muy completa sobre mi persona.

Imagina tener que lidiar con esto todoslos días. Qué feo, ¿no? Sé que muchos de ustedes podrían estar pasando por algo así. Y lo peor es que cuando no estás acostumbrado a las críticas ni estás seguro de lo que vales como persona, es muy fácil que las opiniones ajenas te taladren el cerebro y se graben en tu realidad, cambiando incluso lo que piensas de ti.

Imagínate cuando estás vulnerable. En esos días hasta te puedes llegar a dar cuenta, repentinamente, de que crees lo que dicen de ti. Hace años sufría mucha inseguridad y no estaba conforme ni con mi cuerpo ni con lo que hacía con mi vida. Yo era un tornado de emociones que venían del centro de mí misma, como un ataque contra mí.

Pero esto no te lo cuento para que me tengas lástima o te pongas triste, te lo cuento porque quiero que sepas que las personas pasamos por etapas y toda etapa puede superarse.

Es normal que a algunas personas las críticas les afecten más que a otras. Recuerdo que algunos amigos hasta se reían del comentario más venenoso. Qué envidia les tenía. No entendía que todo tenía que ver con el amor propio.

Hace años, yo no me amaba; de hecho, me detestaba. Odiaba mi vida, o al menos eso decía, porque, tiempo después, me di cuenta de que no me faltaba nada, era yo la que me faltaba. En aquel entonces sentía que no tenía un propósito que valiera la pena, que quizá no era realmente buena para algo y no estaba destinada a nada importante.

Todas esas dudas e inseguridades me debilitaban emocionalmente. Por lo tanto, era muy fácil llegar a mis nervios más sensibles solamente con comentarios, aunque vinieran de gente totalmente desconocida.

Si estás pasando por esto y te sientes agobiado porque te han hecho creer que no eres importante: ¡no permitas que esa emoción te controle! Mi aprendizaje fue que todos los días nos encontraremos con cientos de comentarios sobre nosotros que no nos gustan. En la escuela, en nuestra familia y en el trabajo. Pero eso no significa que lo que la gente cree de nosotros nos define.

> No puedes controlar lo que dirán otros, pero sí puedes controlar si lo que dicen te influye, te ayuda a crecer o te derriba.

Las críticas en general no son buenas o malas, más bien hay algunas de las que podemos aprender y otras de las que no. Por eso, es muy importante saber distinguir entre los dos tipos de crítica: la constructiva y la destructiva.

Las críticas constructivas

- Parten del respeto hacia la otra persona.

- Se hacen con la intención de ayudar y de provocar un cambio positivo.

- Exponen de una manera amable el error y ofrecen argumentos que ayuden a comprender la situación.

Las críticas destructivas

- Atacan directamente a la persona en vez de centrarse en el problema.

- Su meta no es ayudar sino hacerte sentir mal.

- Buscan solamente señalar algo negativo.

- No aportan nada, no les interesa ayudarte a corregir o a cambiar algo para mejorar.

Ojo: no descartes ninguna crítica en primera instancia, de todo se puede aprender.

Oye, Cajafresca, ¿y si ya no aguanto todas esas críticas sin argumentos contra mí?

EN SERIO. CUESTIÓNATE SI NECESITAS A ESA O ESAS PERSONAS CERCA DE TI. Y SI LA RESPUESTA ES NO, NO DUDES EN SACARLOS DE TU VIDA PARA SIEMPRE. DALES UNFOLLOW TAMBIÉN EN LA REALIDAD. DEJA DE SEGUIRLOS.

UNFOLLOW

PRESS here

Aprende a manejar la crítica destructiva

Todos nos hemos enfrentado a este tipo de críticas en algún momento de la vida, ya sea en la escuela, en el trabajo, en las redes y, a veces, incluso dentro de nuestra misma familia. Te comparto las actitudes y respuestas que me han funcionado para desactivar la mala vibra de esos comentarios.

* Síguele el rollo. Como dicen los budistas: la mejor manera de dejar de discutir con tu adversario es dándole la razón.

* Cambia de tema. Responde algo que no tenga nada que ver: dejará la crítica descontextualizada y desviará la atención.

* Voltea la tortilla. Haz un comentario positivo ante la crítica: verás cómo lo haces dudar y evitarás entrar en su círculo negativo.

ANTI MALA VIBRA

Tips para ser un crítico constructivo

La responsabilidad de generar un ambiente seguro y cómodo en las redes sociales, y fuera de ellas, es de todos. Por eso es muy importante que también nosotros trabajemos para hacer críticas que ayuden a mejorar, que propongan soluciones y generen aprendizaje. Aquí hay algunos consejos que podemos empezar a aplicar.

* Infórmate sobre el tema.

* Ofrece alternativas o soluciones.

* Elige un buen momento y lugar para hablar con la persona.

* Sé respetuoso: habla como te gustaría que te hablaran.

* Sé concreto con los puntos a mejorar.

* Usa lenguaje positivo.

* Critica solo si hay oportunidad de mejorar o cambiar.

* Respeta el derecho de réplica.

Siéntete orgulloso

¿Y qué pasa cuando estamos en el otro extremo? Habrá momentos de nuestra vida en los que pasará todo lo contrario a las críticas, y tal vez lo único que recibamos a diario sean halagos. Algunos estudios dicen que para un correcto equilibrio emocional necesitamos recibir al menos cinco halagos por cada crítica, ya que para la mente humana lo malo pesa más y tiene más impacto que lo bueno.

Suena a que necesitaré por lo menos unos 76 584 halagos al día. ¿Y realmente son necesarios los halagos? ¡Sí! Así como las críticas nos señalan los errores y las cosas que podemos mejorar en nosotros mismos, un halago apunta a tus habilidades y tu esfuerzo. Es reconocer que has hecho algo bien y digno de celebrarte.

No sé si te ha pasado, pero admito que a mí a veces me cuesta recibir halagos. Siento vergüenza, como si no lo mereciera. Me parece que la gente pensará que soy pretensiosa si acepto las felicitaciones, aunque, en efecto, haya hecho algo bien. ¿Te suena? Que la gente pida disculpas ante un halago o sienta que no lo merece es mucho más común de lo que crees.

Esa pared imaginaria, que de alguna manera repele el reconocimiento, se llama **síndrome del impostor.** Puede surgir a causa de baja autoestima, inseguridades, desconfianza y hasta suspicacia, como cuando alguien sospecha que todos los halagos traen un interés personal oculto detrás.

¿No sientes bonito cuando te felicitan en tu trabajo o te premian por los resultados en tu escuela o casa? ¡Obviamente sí! A todos nos encanta ser reconocidos. Y fuera de sentir que le debemos algo a alguien, debemos entender que la persona que nos regala palabras lindas de reconocimiento lo hace porque lo merecemos. Para esa persona lo que hemos aportado tiene mucho valor y quiere hacérnoslo saber. ¡Dale las gracias y siéntete orgulloso! Atrévete a sentirte motivado por lo que has logrado y a estar bien contigo mismo. **Las emociones nos hacen humanos.**

Aunque bien dicen que todo en exceso hace mal, ¿crees que aplique lo mismo para recibir halagos? Piénsalo bien, porque a simple vista puede parecer algo inofensivo: haces bien las cosas, la gente lo reconoce y tú sigues motivado al respecto. Pero ¿qué pasa si tantos halagos nos hacen sentir superiores? Ya no suena tan lindo, ¿verdad?

El exceso de reconocimiento puede hacernos canalizar esa energía de maneras no muy positivas que digamos. Cuando un superhéroe obtiene sus poderes, debe desarrollar también un gran sentido de la responsabilidad hacia los demás. O sea, siempre verá la manera de que sus habilidades especiales ayuden a un bien común. Por otro lado, un superhéroe debe tener mucha humildad. Cualquier superhéroe podría imponer su fuerza y poderes sobrehumanos para someter a la humanidad, presumir sobre ello y aprovecharse. **Esperen... eso hacen los villanos.**

Es igual cuando tenemos éxito. Ya sea laboral, o en la vida en general, debemos ser humildes y responsables con nuestros triunfos y oportunidades. Un exceso de ego al recibir muchos halagos puede volverte prepotente. El éxito no es igual a superioridad, ninguna persona es más que otra por un puesto de trabajo o por una diferencia de sueldo, por ejemplo.

POR EL MEDIO EN EL QUE TRABAJO, HE TENIDO MUCHAS OPORTUNIDADES DE APRENDIZAJE EN ESTA ÁREA. HE PODIDO VER A PERSONAS QUE SE VIERON MAL INFLUENCIADAS POR LA POPULARIDAD Y LA FAMA. Y GRACIAS A UN EXCESO DE HALAGOS, HAN INFLADO SU EGO Y HAN PERDIDO EL PISO.

En conclusión

Nadie es indispensable, todos
podemos aprender de todos.

Todos somos humanos y podemos
equivocarnos. Eso te incluye a ti.

Sé amable con las personas, mucho más
si te han ayudado a llegar a donde estás.

Toma las cosas de quien vienen.

Siempre busca el aprendizaje hasta
en los peores comentarios.

Si no suma, sácalo de tu vida.

SEGURIDAD

INSEGURIDAD

TU MÁS GRANDE ALIADO ESTÁ FRENTE AL ESPEJO.

Crecí en una familia en la que, por no decir que criticaban mi físico, siempre me hacían "observaciones" con las que yo no sabía lidiar:

Ya estás muy caderona.

¿Te vas a servir otro plato?

Tan bonita cara que tienes... nomás estás gordita.

Pues si sigues comiendo así, menos te va a quedar la ropa.

¿?

Ahora quisiera que recrearas una escena en tu cabeza. Vamos, no es nada difícil, es algo que haces todos los días. Bien. Concéntrate y piensa en los detalles de cada mañana cuando despiertas: abres los ojos en tu cama, te levantas, caminas al baño lentamente, por supuesto, con mucha flojera y, al lavarte los dientes frente al espejo, te miras a los ojos.

¿Qué es lo primero que ves en ti?

¡No se vale hacer trampa! Sé honesto contigo mismo y piensa la respuesta. Estoy casi segura de que, como yo, lo primero que ves en el espejo en las mañanas son todos esos "detallitos" que tiene tu cuerpo: te aprietas la lonjita, observas tu cadera, sientes tu pancita a ver si los treinta abdominales que hiciste anoche ya hicieron efecto, te estiras la piel de la cara para ver a detalle tus poros o la barba que te está saliendo y observas muy de cerca ese granito que te apareció ayer en medio de la frente...

¿Te diste cuenta? ¡Casi no pensamos en ninguna de nuestras cualidades! Parece que no somos capaces de reconocer los detalles que nos gustan de nosotros y que nos hacen únicos.

Antes de que Instagram existiera, hubo un sitio llamado **Fotolog**. Era una página en donde creabas un perfil y subías tus fotos. Yo tenía 17 o 18 años cuando Fotolog estaba muy de moda, o al menos lo estaba en Monterrey. Ese fue mi primer acercamiento a una red social, aunque aún no se les llamaba redes sociales.

Entonces viví por primera vez la presión de verte bien en una foto. Como ahora en Instagram, había muchas chicas y chicos lindos que tenían fotos hermosas y que te inspiraban a ser como ellos.

Como ya sabes, a esa edad yo era muy insegura y hasta empecé a ganar peso por mi depresión y ansiedad. Luego dejé el deporte porque tenía problemas para respirar y fue peor: subí más de diez kilos en un año. Al principio no sufría **bullying**, aún no había abierto mi canal de YouTube, así que no tenía haters o trols. **Yo era mi propia hater.**

Crecí en una familia en la que, por no decir que criticaban mi físico, siempre me hacían "observaciones" con las que yo no sabía lidiar:

* Ya estás muy caderona.

* ¿Te vas a servir otro plato?

* Pues si sigues comiendo así menos te va a quedar la ropa.

* Tan bonita cara que tienes... nomás estás gordita.

Entiendo que, por salud, uno debe procurar a sus seres queridos. También es cierto que muchas veces no sabemos cómo externarles nuestra preocupación y podemos llegar a decir cosas inapropiadas. Pero yo no solo tenía sobrepeso, estaba deprimida y me dolía mucho que se preocuparan más por mi peso que por mi depresión.

Cuando íbamos en familia a comprar ropa, no saben cómo sufría. Lloraba en los vestidores porque no me cerraban los jeans o porque cuando me probaba algo que me había gustado sentía que a mí se me veía horrible. Encima de todo, mis familiares me lo

reiteraban. Fueron años de luchar contra los juicios, míos y de otros. Y todo por mi aspecto físico. Si hubiera usado ese tiempo no solo para lamentarme, sino para mejorar y llegar a ser esa persona que quería...

Un día me fui de casa, me mudé lejos para buscar mi independencia y no tener más comodidades ni distracciones. Entonces sí tuve que forzarme a voltear al espejo, verme fijamente en las mañanas y decirme: **"¿Y bien? ¿Qué vas a mejorar hoy?"**.

Malgasté todo ese tiempo llorando y lamentándome por lo que no podía ser, solo porque no me atrevía a actuar y cambiar las cosas por mí misma. Sí, tenía miedo. Me tomó años empezar a aceptarme. Pero desde el momento en que realmente lo decidí hasta la química de mi cuerpo empezó a cambiar. Todo está conectado: empiezas a sanar por dentro y se nota por fuera.

INSEGURIDAD

No fue instantáneo, obviamente. Pero día a día fui cambiando pequeños detalles, como lo que veía en mí frente al espejo, ¡y cómo hicieron la diferencia! **Observar tus virtudes y aquello que te hace único te motiva a moverte.** No sé

si esta información la avala la ciencia, pero es así. Concentrarte solo en tus defectos es estresante. Además, de tanto examinarlos, terminan pareciendo más grandes de lo que son.

Imagina que eres tu propia exhibición de arte, tu propio mural. No hablarías mal del mural que has creado, ¿o sí? Obvio no. No mencionarías primero los detalles que salieron mal ni acercarías a la gente para mostrarle dónde cometiste errores. Mucho menos mencionarías que en algún momento te equivocaste en un color y por eso decidiste cambiarlo. Se muestra un todo, un resultado. Y ese todo es complejo, único. Nosotros somos eso: seres complejos.

Tu cuerpo es una obra de arte que puedes modificar a tu gusto y apreciar desde varias perspectivas.

Hace muchos años, Fotolog fue el primer sitio que me hizo sentir insegura por compararme con otras chicas y sus vidas aparentemente maravillosas. Pero esto sigue siendo una realidad para millones de personas en las redes sociales. Sobre todo en Instagram, donde podemos ver esa tendencia a mostrar una vida lujosa y perfecta: lugares de ensueño, cuerpos marcados, rostros hermosos y, claro, millones de likes.

No, no tiene nada de malo tener una vida así. **La abundancia no es mala. Tampoco tener un cuerpo que, gracias a tu esfuerzo, se vea esculturalmente perfecto. Lo que sí es triste es que esto esté teniendo un efecto negativo en nosotros.** Según algunos estudios, no tener lo que la gente muestra en sus redes está causando frustración, ansiedad y depresión en jóvenes de entre 14 y 24 años.

Está mal que la vida de otros afecte e influya en la percepción de nuestra imagen corporal. Ya lo dije en capítulos anteriores: **no hay que creer todo lo que vemos.** Muchas de estas vidas "perfectas" son armadas para que parezcan así, cuando en realidad viven como cualquier otra persona.

Desde que tengo memoria, en la televisión, en el cine, en las revistas, en fin, en todos lados, he visto mujeres hermosas: anuncios de belleza, artículos y reportajes de cómo ser más bella, de cómo ser más delgada o de cómo verse más joven... En otras palabras: de cómo convertirte en alguien más, alguien "mejor", alguien que definitivamente no eres tú. Los hombres lo padecen menos, pero también sufren la presión social de ser musculosos, altos, fuertes y varoniles.

Y parece que no, pero sí te afecta. Se instala en tu cerebro, te convence de que no eres suficiente y repite en tu interior que jamás tendrás la cara de Scarlett Johansson ni el cuerpo perfecto de esa *beauty blogger* que va al gimnasio todos los días.

En mi caso, **la realidad es que no tengo un cuerpo perfecto, no tengo piernas largas de modelo europea ni ojos azules.** Y eso está bien. Por fortuna, la sociedad está cambiando y cada vez hay mayor diversidad que ayuda a promover el amor propio y a aceptarnos como somos sin importar nuestro color de piel, complexión o rasgos.

Por otro lado, también hay que ser realistas. Me deprimo por mis kilitos de más cuando sé perfecto que no hago nada de ejercicio y le entro duro a los pastelitos rellenos y a los taquitos. Si quieres mejorar, mejora lo mejorable: tu salud, tu energía y tu actitud. No permitas que tu autoestima dependa de tu físico ni de lo que no tienes.

Además, ¿te imaginas qué aburrido sería si todos tuviéramos la misma complexión, la misma cara, el mismo cuerpo? Seríamos como una gran fábrica de clones sin individualidad.

Créeme que, a pesar de lo hermosa, los millones de seguidores o lo perfecta que pueda parecer Fulanita en Instagram, Fulanita tiene defectos y también se equivoca, igual que tú. Es irónico porque sus imperfecciones no impiden que a ti te encante. Entonces, ¿cómo es que tú no consigues gustarte? La respuesta es que cuando miras dentro de ti, ves lo lindo y también lo que no te gusta, pero le das más importancia a lo que no te agrada que al resto.

VALORA TU VIDA. NO ESTÁS EN COMPETENCIA CON NADIE POR SER EL MÁS GUAPO O GUAPA. NO GASTES TU ENERGÍA EN ESAS BATALLAS SUPERFLUAS. TIENES MUCHO MÁS QUE OFRECER Y EL CAMBIO MÁS IMPORTANTE ESTÁ EN TI. LA CLAVE ESTÁ EN TU PENSAMIENTO. SI TE ACEPTAS Y TE GUSTAS COMO ERES, CON TUS VIRTUDES Y TUS DEFECTOS, YA HABRÁS DADO EL PRIMER PASO PARA LUCIR RADIANTE.

¿Por qué debes gustarte más?

Si tuviera que elegir una sola respuesta sería: por tu salud y tranquilidad mental. **Cuando te amas incondicionalmente, eres capaz de buscar tu verdadero bienestar.** Entonces tomas mejores decisiones sobre las situaciones en las que te desenvuelves, sin aceptar menos de lo que mereces.

Una forma muy cool para comenzar el camino del amor propio es reconciliarte contigo mismo. Así que aquí te dejo un ejercicio muy sencillo para lograrlo.

EJERCICIO

SIGUIENTE PÁGINA ➡

EJERCICIO PARA HACER LAS PACES CONTIGO

☐ Consigue un espejo. Si te puedes ver completo, mejor (el del baño es ideal).

☐ Párate frente al espejo, mírate a los ojos y repite con sinceridad:

Me pido perdón porque que me he hecho daño con palabras, con pensamientos y con hechos.

Me pido perdón por todas las críticas y por todos los juicios que me hice. Me pido perdón por todas esas veces que quise ser alguien más o que me sentí insuficiente.

Me pido perdón por las veces que me dije "me odio".

Cuando haces las paces contigo mismo empiezas desde cero. Estás frente a un nuevo comienzo en el que tú eres tu mejor aliado, sin máscaras ni pretensiones. Te vas a sentir mucho más libre, como si te hubieras quitado un peso de encima. **Si hiciste este ejercicio, tómate una foto en el espejo con el libro y mándala a alguna de mis redes sociales. Así sabré que ya diste este primer gran paso para reconciliarte contigo mismo.**

¡Siéntete orgulloso!
¡Te felicito!

Todos los días debemos elegir incluso las palabras que usamos para hablarnos a nosotros mismos. Este es uno de los temas principales en mis conferencias: al cambiar la manera de hablarnos, también cambiamos nuestro semblante. Por lo tanto, siempre cuida tus palabras.

Yo tuve que dejar de decirme fea, por ejemplo. No me lo permito ni bromeando. También dejé de decirme que no puedo hacer las cosas. Dejé de menospreciar mi cuerpo y sus características con frases duras y frías y empecé a hablarme con amor. Empecé a agradecer el hecho de tener un cuerpo saludable, que me lleva a todos lados, que baila si tiene ganas, que corre y respira rápido, que recibe abrazos y cariños de las personas que amo.

¡AGRADÉCELE A TU CUERPO LO QUE HA HECHO POR TI!

Recuerda que nadie más puede saber lo que necesitas. **Ponte atención: tu cuerpo, tus emociones, tu mente, todo te está hablando y dando señales constantemente. No ignores esa voz.**

Respeta el tiempo que te das a ti mismo, respeta tus sueños y tus aspiraciones. No esperes que alguien llegue y te diga lo mucho que vales. No lo necesitas. Cada mañana es una nueva oportunidad de regalarte palabras bonitas y tener un detalle contigo.

Pequeños gustos que puedes regalarte a diario

* Consigue aceites esenciales de lavanda... ¡y date un masaje en los pies!

* Trata de darte por lo menos 10 minutos de relajación todos los días.

* Háblate con cariño, deja de juzgarte y reprocharte.

* Cada mañana, piensa en tres cosas que te gusten de ti o que te causen orgullo.

* Conviértete en tu prioridad, actúa como cuando estás enamorado de otra persona y haces todo por complacerla, pero contigo.

En realidad, el amor propio no tiene nada que ver con cómo te ves: se trata de aceptar todo de ti y amarte tal cual eres, completa e incondicionalmente. Hazte las siguientes preguntas: ¿estoy haciendo lo que de verdad quiero o lo que los demás esperan? ¿Actúo para que los otros se sientan bien o para yo sentirme bien? (Inserta aquí un silencio incómodo porque esta última pregunta está muy fuerte).

No te desesperes, este trabajo es interno, es severo y es profundo. Tener amor propio debe ser algo de ti para ti, un estado interior. No es una medicina que cura desde el primer día y luego ya no vuelves a preocuparte. Todos los días enfrentarás pruebas y tendrás que elegir entre resaltar tus virtudes o tus defectos. Tendrás que decidir cómo manejar las críticas. Tendrás que dejar pasar lo que no puedes cambiar y mejorar lo que sí puedes.

Te daré un último consejo: deja de compararte. Evita decir y creer que eres menos que otros. Acepta que hay personas que son mejores que tú en cualquier cosa. Admira a esas personas y aprende de ellas. Pero no permitas que cualquiera que sea mejor que tú en algo te haga sentir que vales menos.

Seguramente te pasa que a veces sientes que no sabes ni quién eres ni adónde quieres ir. Con el paso del tiempo nos olvidamos un poco de nosotros y debemos volver a conocernos. Entre lo que la sociedad quiere que seas, lo que los medios te dicen que está *cool*, la influencia de las redes sociales y la falta de tiempo contigo mismo, puedes perder un poco la noción de quién eres. **Pues bien, saber quién eres y qué te gusta es una forma eficaz de aprender a quererte.**

Te recomiendo lo siguiente: haz una lista con las cosas que te gustan y te hacen feliz. Es posible que te encuentres con cosas que, a pesar de pensarlas, no entran en la lista porque en realidad no son parte ti, sino expectativas ajenas.

Cuidado. A menudo confundimos aquello que los demás esperan de nosotros con lo que de verdad queremos. Luego, casi sin darnos cuenta, enfocamos toda nuestra vida y nuestras acciones en cumplir las expectativas de los demás y dejamos nuestros verdaderos deseos a un lado.

En conclusión

Eres único e irrepetible, ¡sácale provecho!

¡Reconcíliate contigo! Conócete
y sé tu mejor aliado.

Ponles más atención a tus virtudes
y mejora lo que quieras mejorar.

Cada mañana háblate bonito y con amor.

Cuida tus palabras.

MENTE

CUERPO

TODO ESTÁ CONECTADO.

Cuántas veces escuché a mi abuela o a mi madre decir: **"¡Tu cuerpo es un templo, cuídalo!"**. Y cuando no lo escuchaba de ellas, en el colegio de monjas al que fui de niña nos lo repetían todo el tiempo. **También recuerdo que cuando le dije a mi mamá que quería hacerme mi primer tatuaje, ¡fue la primera frase que me dijo!**

Hace muchos años, cuando era una niña de imaginación muy vívida, no podía evitar verme a mí misma como una pirámide egipcia o maya. Es decir, como si mi cuerpo fuera una construcción tan impactante y sagrada como esas pirámides. Y cada vez que escuchaba: "Tu cuerpo es un templo", visualizaba una miniyo dentro de mí, limpiando todo, cuidando ese templo, tan sagrado como cualquier construcción de tal magnitud, así de enorme y detallado.

SUENA UN POCO LOCO, PERO TE INVITO A TOMARTE UN MOMENTO PARA APRECIAR TU CUERPO. OBSÉRVALO, SIÉNTELO.

Siente tu respiración, el viento en tu cara, tus manos y dedos sosteniendo este libro, tus músculos contrayéndose para moverte.

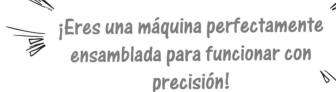

¡Eres una máquina perfectamente ensamblada para funcionar con precisión!

¿No?

¿No te sientes así?

La verdad es que me sorprendería si te sintieras completamente perfecto, así que no te preocupes. Todos, me incluyo, tenemos momentos en los que solo podemos ver nuestros defectos. Pero eso no quiere decir que no podamos mejorar o cambiar para bien.

Mi propósito no es que termines de leer este capítulo y te sientas el ser humano más perfecto del universo. No. Nuestras imperfecciones no van a desaparecer por arte de magia. Creo que para llevar una relación sana contigo debes aprender a aceptar esos defectitos, de la misma forma en la que aceptas tus cualidades.

> COMO YA LO HE MENCIONADO, NUESTRO MAYOR ERROR ES ESTAR SIEMPRE EN EL EXTREMO DE LAS EMOCIONES NEGATIVAS CONTRA NOSOTROS, SOLO FIJARNOS EN LO QUE NO TENEMOS Y OLVIDARNOS DE AQUELLAS COSAS QUE NOS HACEN ÚNICOS.

Hablando de aceptar nuestro cuerpo, no es fácil apreciar y amar algo que desconocemos o, peor aún, que ni siquiera cuidamos. Pero para eso es este capítulo, para aprender a reconocernos en nuestro cuerpo. Aprender a apreciarnos por completo de adentro hacia afuera.

En los capítulos anteriores te he contado sobre mis inseguridades y de cómo una pequeña porción de problemas internos y externos se convirtió en una gran bola de inestabilidad emocional. Todo tiene que ver. Y hasta que no comprendí que mi salud emocional estaba afectando mi salud física, entendí por dónde debía empezar a sanar: desde dentro.

Aproximadamente hace dos años tomé la decisión de cambiar mi manera de comer y de moverme. Estaba teniendo una vida sedentaria y comía pésimo, siempre en la calle o a domicilio, y todo el tiempo me sentía agotada y sin ganas de nada. Cuando empecé el cambio, fue muy difícil dejar mis viejos hábitos para adoptar otros nuevos. No es nada sencillo crear hábitos (sobre todo buenos), pero vale la pena probar y, cuando menos lo esperas, te das cuenta de que ya llevas meses mejorando.

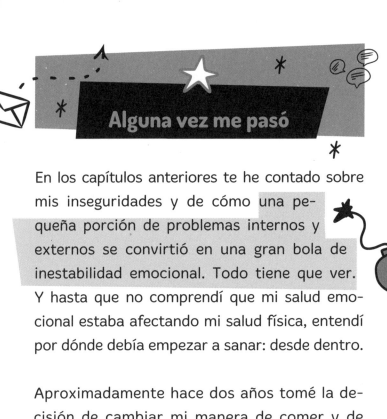

Cuando empiezas a ver resultados reales frente al espejo, cuando te miras a los ojos satisfecho y con más energía, te motivas a seguir y hasta te preguntas por qué no empezaste antes.

¡TODO ES CUESTIÓN DE DECIDIRLO!

Ok, seguro debes estar pensando: "Ajá, como si solo con pensar positivo se arreglaran todos mis problemas". No, no es magia. Aquí las cosas no suceden de la nada, tenemos que poner de nuestra parte y sí, mantener tu mente positiva es el 80 % del trabajo.

80 %

20 %

Hablarte de ser 100 % positivo me resulta un poco difícil, sobre todo porque en estos instantes de mi vida estoy pasando por complicaciones. La gran diferencia es que la yo de ahora sabe que no es nada grave ni nada que no pueda solucionarse. Entonces, claro que entiendo que no es fácil mantener la mente optimista en medio de un caos que parece incontrolable.

Es más, justo en este instante siento como si el universo me mandara a propósito lecciones de vida para que yo pueda inspirarme para este capítulo. Pero sé que todo pasa y quiero que sepas que volvernos conscientes de nuestras decisiones al principio puede ser incómodo, pero la recompensa será grande.

Como te dije antes, nadie es 100 % perfecto. Todos nos vamos a equivocar una o muchas veces y todos alguna vez nos sentiremos inseguros. A lo largo de nuestra vida pasaremos por momentos difíciles que nos pondrán a prueba. Pueden ser desde situaciones que se sobrellevan con facilidad (como reprobar el semestre) hasta situaciones terribles que nos cambien completamente la vida (esas en las que parecería imposible seguir adelante y, mucho menos, tener una actitud positiva).

Te voy a dar un ejemplo sencillo y sin dramas. Creo que muchos de nosotros tenemos una meta en común: queremos tener un cuerpo saludable. Supongamos que ya tienes claro que tu meta es esa, tener un cuerpo sano, fitness. A simple vista parece sencillo: disciplina, dieta y ejercicio. Es lo que cualquier persona dedicada a una vida fitness te diría. Pero más allá de las acciones, ¿qué más necesitas?

Actitud.

Tener una actitud positiva significa creer en ti mismo y saber que puedes lograr todo lo que te propongas.

Una buena actitud te conducirá a tener una visión optimista del mundo, concentrarte en las cosas buenas de la vida y no dejar pasar las oportunidades que abundan por todos lados.

¿Y de dónde proviene esa actitud? No es que puedas comprarla en una tienda o descargarla de internet. La actitud está dentro de nosotros, en nuestros pensamientos. Tener una actitud positiva no es más que decidir dentro de tu cabeza que quieres enfocarte en el lado bueno de las cosas, el lado que te motiva. Y eso depende enteramente de ti.

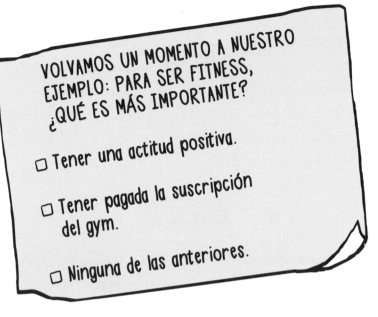

VOLVAMOS UN MOMENTO A NUESTRO EJEMPLO: PARA SER FITNESS, ¿QUÉ ES MÁS IMPORTANTE?

☐ Tener una actitud positiva.

☐ Tener pagada la suscripción del gym.

☐ Ninguna de las anteriores.

Muchos de nosotros hemos empezado el año con toda la actitud y decididos a hacer borrón y cuenta nueva. Queremos hacerlo mejor que en tiempos pasados y conseguir enfocarnos en lo que vale la pena. Entonces vamos y pagamos todo el año de gimnasio para que eso nos motive a ir, ¿no? Para sentir que estamos aprovechando el dinero.

¡Ay, voy mañana!

¿Y qué pasa a los dos meses (a veces menos)? Un día de pronto suena el despertador y algo sucede en nuestra mente. Al principio se siente como flojera, luego aparece un pensamiento que dice: "Ay, voy mañana, no pasa nada, como sea ni estaba notando cambios, además que mi prima se hizo la lipo, lo mejor sería hacerlo yo también y luego regreso...". Luego regreso... luego... luego... luego...

Y así un mes después de otro y nunca más regresamos al gym. ¡¿Qué pasó?! Teníamos la anualidad pagada, hasta nos compramos tenis nuevos y una toalla personalizada para el sudor. ¿Qué ocurrió dentro de nosotros que nos hizo desistir?

Se acabó la actitud, dejó de existir la motivación y la mentalidad positiva que nos hacía creer que podíamos hacerlo. Y esa línea casi invisible la cruzamos todos los días cuando dejamos caer nuestra actitud positiva. Cada vez que perdemos la esperanza de conseguir algo, cuando dudamos y dejamos de hacer las cosas, estamos dejando morir nuestra actitud positiva.

YO CREO QUE EL UNIVERSO ES COMO UN ESPEJO, SOLO TE DEVUELVE LO QUE LE TRANSMITES.

Así que no esperes recibir optimismo ni buenas energías si siempre estás transmitiendo negatividad. En otras palabras, no esperes recibir lo que no das.

A veces, **cuando estoy muy agobiada o estresada, me funciona pensar en lo que sí tengo, en lo que no me hace falta**. Qué diferente sería si cada día recordáramos lo que hemos superado para llegar adonde estamos y apreciáramos lo que sí tenemos. Te imaginas que todos los días te dijeras:

> **"¡Tú puedes, mira lo que has logrado hasta ahora!".**

MEDIO LLENO →

← MEDIO VACÍO

¿Y si además te recordaras que lo haces porque te amas y porque quieres estar bien? El mundo sería otro si todos buscáramos siempre el lado positivo de las situaciones.

Ya sé que ponerte a hacer las cosas se lee más fácil de lo que realmente es. Una cosa es pensar que quieres tener una mente positiva y otra muy distinta es saber manejar tus emociones en un momento de crisis. Créeme, también yo he actuado por impulso al calor del momento. Pero me he dado cuenta de que nunca sale bien. Te comparto los tips que mejor me funcionan cuando siento que estoy a punto de perder la actitud positiva.

* Manejar los pensamientos negativos

Tú eliges tus pensamientos. Cuando estés diciéndote a ti mismo que no vales, pon atención e intenta bloquear ese diálogo interno. Cámbialo en el momento por frases positivas y alentadoras. Sé que puede que no las sientas de verdad, pero repítelas hasta creerlas. Tu cerebro no notará la diferencia, solo absorberá las vibraciones positivas.

Todo lo que hago me sale mal.

Vivir como quiero y hacer lo que quiero.

Sentirme completa en todos los aspectos de mi vida.

Tener paz conmigo y lo que me rodea.

¿De qué voy a vivir?

Mejor no lo intento.

Me preocupa el qué dirán.

* Ignorar la energía negativa de otras personas

Evita relacionarte demasiado con personas que tienen actitudes negativas y que son muy pesimistas. La energía se contagia y rodearte de gente optimista te será de mucho apoyo: hasta pueden aconsejarte cómo han logrado esa mentalidad.

* Practicar algún método de relajación o meditación

La meditación me ha ayudado mucho a limpiar mi mente de pensamientos negativos y pesados. Mi terapeuta de reiki siempre me recomienda hacerme consciente de mi respiración, es el mejor tranquilizante. A veces no nos damos cuenta y ni siquiera estamos respirando bien.

* Evitar las comparaciones

No es saludable que te compares con los demás. Si no te gusta algo de ti, enfócate en trabajar para cambiarlo. Recuerda que todos somos individuos diferentes y cada uno tiene que trabajar cosas distintas para mejorar y aprender. Todos tienen el derecho a desarrollar sus virtudes sin preocuparse por que otros sean mejores.

* Aceptar que en ocasiones las cosas saldrán mal, aunque tengas la mejor actitud del mundo

Debes tener muy presente que no tendrás el control total de las situaciones. Si algo sale mal, lo ideal es intentar cambiarlo o arreglarlo. Cuando no se pueda, solo fluye de la mejor manera y entiende que no está en tus manos.

* Hablar con alguien

Abrir mi corazón a las personas en las que confío me ayuda a ampliar el panorama. Muchas veces me doy cuenta de que me estaba ahogando en un vaso de agua o no veía la solución lógica y mis amigos o familia, al tener una perspectiva externa, pueden llegar a tener mayor claridad acerca de las cosas.

Ponte recordatorios. Ya sea en tu celular, en tu espejo o en tu calendario.

Déjate mensajes como:

RECUERDA RESPIRAR PROFUNDO.

Todo tiene solución.

NO OLVIDES LO QUE HAS LOGRADO.

Si te gusta escribir, lleva un diario personal de tus emociones. Cada vez que te sientas molesto, escribe qué te hace pensar y sentir esa situación. Además de desahogarte, con el paso de los días empezarás a notar ciertos patrones en las cosas que piensas y en tus reacciones. Y cuando seas consciente de que llevas dos semanas pensando cosas negativas o criticándote, verás que poco a poco irás cambiando tu lenguaje interno. Empezarás a hablarte mejor o por lo menos detectarás esos momentos en los que piensas cosas feas y podrás desarrollar estrategias para combatirlos.

Conexión cuerpo/mente

Todo lo anterior suena cool, ¿no? Pero para estar bien, en completa armonía, no basta solo con cuidar nuestro pensamiento. Nuestra mente también necesita un cuerpo para ejecutar tareas o, en otras palabras, para llevarnos por la vida. Y si ya empezaste a cuidar tu mente de toda esa toxicidad, lo natural sería que también cuidaras tu exterior.

Cuerpo + Mente

Pero no es nada sencillo, sobre todo si estamos costumbrados a ignorar por completo lo que nuestro cuerpo necesita. ¿Y cómo puedes llevarte bien y cuidar a alguien que no conoces ni has escuchado?

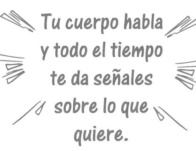

Tu cuerpo habla y todo el tiempo te da señales sobre lo que quiere.

Te dice cuando tiene hambre, si tiene sueño, frío o calor. Quizá algunas necesidades básicas, como el hambre, las suples casi sin reparar en ello. En el momento en que tu cuerpo te hace sentir hambre o sueño, tu reacción es satisfacer esa necesidad: comiendo, durmiendo, tapándote con un abrigo si te da frío, etcétera.

¿Pero qué pasa cuando enfermamos o cuando nos sentimos muy tristes sin una razón aparente? ¡Nuestro cuerpo también lo expresa! **La mala salud emocional puede debilitar el sistema inmunológico y eso nos hace más vulnerables a enfermedades.** ¡El cuerpo y la mente son increíbles! Y están tan conectados que nuestro cuerpo responde a nuestra manera de pensar, de sentir y de actuar.

Esa es la conexión cuerpo/mente. Cuando nos sentimos estresados, ansiosos o enojados, nuestro cuerpo reacciona a la defensiva para avisarnos que algo no anda del todo bien. Por ejemplo, mucha gente desarrolla presión arterial alta o una úlcera en el estómago después de vivir un momento de mucho estrés, como la muerte de un ser querido o una pelea fuerte con alguien.

Y me ha pasado que, después de una discusión enérgica, me duele la cabeza, el estómago se me revuelve y toda esa rabia se siente como un nudo dentro de mí. No creas que si alguna vez sientes esto es solo tu imaginación. Tu cuerpo de verdad reacciona químicamente a esas emociones y puede desencadenar enfermedades.

Ya que dominamos el arte de escuchar a nuestro cuerpo y logramos mantener una mente positiva, viene lo más complicado: hacerlo cada día. Como todo en esta vida, mejorar depende de la práctica. Cuidar nuestra salud emocional y mental debe convertirse en un hábito diario. Sé que puede sonar como una presión extra sobre ti, pero verás que con pequeñas acciones diarias irás cambiando tu estilo de vida.

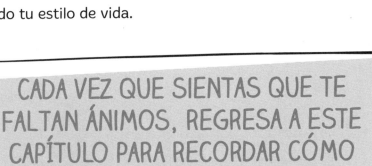

CADA VEZ QUE SIENTAS QUE TE FALTAN ÁNIMOS, REGRESA A ESTE CAPÍTULO PARA RECORDAR CÓMO VOLVER A ESE ESTADO POSITIVO.

Más tips extras

Cambiar tu estilo de vida es un proceso que toma tiempo y depende enteramente de tu actitud. Por supuesto, no todos estamos obligados a tener el mismo estilo de vida, pero creo que hay ciertos hábitos básicos que pueden hacer grandes cambios. Te comparto los míos.

* Tomar un vaso de agua natural al despertar.

* Dormir 8 horas.

* Levantarte temprano y tender tu cama (aunque no salgas de tu casa).

* Agradecerle a tu cuerpo frente al espejo.

* Sonreír más.

* Escuchar música y bailar en tu habitación.

* Hacer ejercicio (aunque sea 15 minutos en tu casa, créeme que hace la diferencia).

* Preparar tu propia comida (vas a ahorrar dinero, comerás mejor y de paso aprenderás algo nuevo).

Los grandes cambios empiezan con pequeños detalles, así que no te desanimes si un día no te sale estar 100 % optimista, porque algunas veces así va a ser.

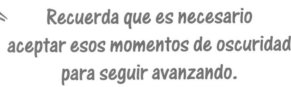

Recuerda que es necesario
aceptar esos momentos de oscuridad
para seguir avanzando.

En conclusión

Nuestro cuerpo responde a nuestra manera de pensar, de sentir y de actuar.

Todo está en la actitud.

Tener una actitud positiva significa creer en ti mismo.

Los grandes cambios empiezan con pequeños detalles.

ÉXITO

FRACASO

¡Felicidades!
¡Buuu!
LO ÚNICO PEOR QUE FRACASAR ES NUNCA HABERLO INTENTADO.

La primera vez que sentí que estaba logrando algo grande y real fue cuando nos invitaron a Daniel (SirPotasio) y a mí a conducir en televisión. Eso fue hace aproximadamente siete años.

Éramos corresponsales de una sección de noticias digitales en un programa de TV Azteca.

Fue entonces cuando me di cuenta: "Ok, ya no estamos jugando a hacer videos en internet, esto se ha extendido al mundo real y, de alguna manera, se está convirtiendo en mi trabajo, carrera, vocación... ¡Se está convirtiendo en mi vida!". Sí, suena bastante cool, pero una vez en ese show me pasó algo muy vergonzoso.

El programa era en vivo y Potasio y yo entendimos a la perfección que, a pesar de haber hecho varios *lives* en internet en los que siempre nos veíamos confiados y relajados, era realmente diferente hacerlo para la televisión. Todos eran muy profesionales y no es que nosotros fuéramos unos inútiles, pero por lo menos en los primeros programas sí se nos notaba la inexperiencia.

Cuando estábamos a punto de salir al aire, nos indicaban las noticias que teníamos que decir y enseguida gritaban: "¡15 segundos para entrar en vivo!". Esa era una de las primeras veces en que me ponían con una de las conductoras principales a cuadro. Era mi gran oportunidad en televisión, ¡y obviamente no quería equivocarme en nada!

La noticia que tenía que dar era corta y sencilla. Era sobre un partido de fútbol. Tenía que decir algunos datos de los jugadores y de los equipos y ya. Así que

la conductora empezó, muy seria y formal, anunciando el fallecimiento de una persona importante. Pasaron unos segundos, terminó de hablar y yo ya estaba viendo en el teleprompter mi texto sobre el partido. En mi euforia y nerviosismo de estar en vivo y, más que nada, por no saber cómo empezar a decir mi noticia después de la suya (que era bastante impactante), mi cerebro pareció hacer cortocircuito, como si una explosión de palabras hubiera surgido en mi cabeza, así que lo primero que dije fue: "Bueno, pues en noticias mucho más importantes, el partido de fútbol... blablablá...".

¡Sí, después de la lamentable noticia del fallecimiento de este personaje se me ocurrió decir eso! Bueno, la verdad no se me ocurrió ni lo pensé: ¡solo fue un vómito de palabras!

Pasó medio segundo desde que dije esa estupidez y mi mente supo de inmediato que había metido la pata y muy feo. ¡¿Cómo vas a decir que es más importante una noticia sobre el fútbol?! ¡Qué estúpida soy!

Cuando mandaron a corte comercial, yo me puse pálida en pantalla y luego roja de la vergüenza. Lo primero que le dije a producción fue: "¡Perdón, de verdad lo siento!". Después de eso, el director y el productor del programa me llamaron la atención y me hicieron ver que tengo que pensar mejor las cosas antes de decirlas.

Ese mágico e inolvidable momento fue una mezcla de éxito/fracaso para mí.

Dentro del éxito de estar en un programa, de tener esa oportunidad, tuve un momento de caos que me hizo dudar por un instante de mis capacidades. En ese momento fue cuando me pregunté:

"¿Seré buena para esto?".

TODOS PODEMOS EQUIVOCARNOS, POR SUPUESTO.

Y yo pedí disculpas públicamente y todo pasó sin más. Fue una situación rápida pero muy intensa que me hizo àprender mucho. Desde ese momento siempre pienso antes de hablar, me informo del tema de conversación y la experiencia me ayudó a tener una mejor comunicación en general. Es más, tiempo después fui conductora de *MTV MIAW Time* por varias temporadas y ya no me volvió a suceder nada parecido.

Como te conté en el primer capítulo, mi familia es de Monterrey. Viví con ellos hasta que me fui a estudiar a la Ciudad de México, para buscar y conseguir lo que amo hacer. Creo que ese ha sido uno de los sacrificios más grandes que hice para llegar hasta donde estoy.

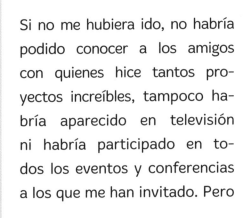

Si no me hubiera ido, no habría podido conocer a los amigos con quienes hice tantos proyectos increíbles, tampoco habría aparecido en televisión ni habría participado en todos los eventos y conferencias a los que me han invitado. Pero

¿te imaginas toda esa vida lejos de tus padres y de tus hermanos?

Los primeros años de este camino no fueron para nada fáciles: una simple fiebre me hacía extrañar mucho a mi mamá. También llegar tarde de la escuela y ver mi cuarto o departamento sucio me hacían apreciar mejor lo que siempre di por sentado porque mis padres me lo daban. Los fines de semana, por ejemplo, era costumbre ir a casa de mi papá a sus carnes asadas...

¡CÓMO EXTRAÑABA ESO Y CONVIVIR CON MIS HERMANOS!

En aquel tiempo mis padres y mi padrino me ayudaban con lo que podían, mientras buscaba la manera de independizarme. Hubo días, incluso, en los que tenía que ahorrar en comida porque era prioridad transportarme a la escuela. Además, muchas veces tuve que ahorrar en renta y vivir en un cuarto más pequeño para ayudarle a mi mamá económicamente y que me dejara quedarme más tiempo en la ciudad. De hecho, en varias ocasiones discutí con ella porque yo aún no lograba tener un sustento. Le rogaba que me diera la oportunidad de seguir intentando y creando. Recuerdo haberle dicho con lágrimas en los ojos: "Mamá, confía en mí, sé que algo haré bien, sé que algo pasará después de todo este esfuerzo". Y ella, aun con toda su preocupación, me abrazaba y me aseguraba que daría todo para seguir apoyándome.

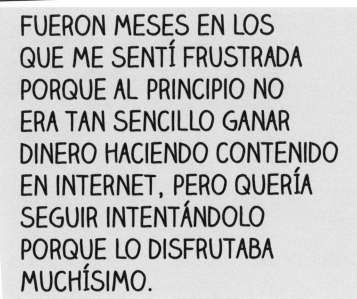

TE AMO, MAMI ♥

FUERON MESES EN LOS QUE ME SENTÍ FRUSTRADA PORQUE AL PRINCIPIO NO ERA TAN SENCILLO GANAR DINERO HACIENDO CONTENIDO EN INTERNET, PERO QUERÍA SEGUIR INTENTÁNDOLO PORQUE LO DISFRUTABA MUCHÍSIMO.

Las empresas apenas empezaban a mirar hacia YouTube y aún no entendían muy bien el impacto que podía tener la imagen de una persona en la comunidad de las redes sociales. Tampoco eran tan comunes las campañas publicitarias con influencers por esta misma falta de confianza o desconocimiento.

A estas alturas de mi mensaje, me gustaría que te tomes un minuto para respirar profundo y pensar en lo que te hace más humano. Sé consciente de que eres un ser vivo vulnerable. Quiero que te sientas menos presionado por lo que crees que el mundo espera de ti.

MITO: _
SIENDO YOUTUBER ES MUY FÁCIL HACERTE MILLONARIO
$$$..._

REALIDAD:

SE NECESITA MUCHA CONSTANCIA Y DEDICACIÓN. APARTE DE UNA IDEA Y PERSONALIDAD ÚNICAS.

> NO SOMOS PERFECTOS, CREO QUE TODOS SABEMOS ESTO. NO PODEMOS ESPERAR SALIR TRIUNFANTES AL 100% EN TODO EN LA VIDA PORQUE SOMOS HUMANOS Y NOS EQUIVOCAMOS.

Sin embargo, algunas veces, cuando caemos en esos tropiezos que nunca dejarán de existir, cuando las cosas no salen como esperábamos, nos sentimos de lo peor, se nos viene el mundo encima, creemos que no somos capaces y que siempre nos falta *algo* para poder triunfar. Es decir, nos sentimos basura al primer fracaso, por más mínimo que sea.

¿O nunca te has sentido así?

Tal vez, al adquirir este libro, me conocieras o no, pensaste que soy afortunada al publicarlo e imaginaste mi vida llena de logros y prácticamente sin obstáculos. Una vida en la que, de la nada, el éxito tocó a mi puerta y solo tuve que fluir cómodamente con la abundancia. Pero para nada fue así.

Ahora es mucho más fácil, claro, y agradezco infinitamente las puertas que se me han abierto desde el inicio, pero quiero que sepas que muchas más puertas estuvieron cerradas, muchas tardaron en abrirse y muchas me demoré años en encontrarlas. Tuve que poner mi esfuerzo y mi tiempo, incluso tuve que hacer algunos sacrificios en el camino para conseguir realizar mis sueños.

Siempre estuve muy decidida respecto a lo que quería hacer de mi vida. En general, me gustaba estar detrás y frente a las cámaras, hablarle a la gente y expresarme. Me había propuesto que iba a salir adelante en ello y me prometí vivir de lo que amo hacer. Lo más complicado fue convencer a mis papás porque, como todos los padres, se preocupaban por mi futuro y este aún era bastante incierto. No tenía cómo demostrar que hacer lo que me gustaba hacer, tarde o temprano, iba a dar resultado.

Creo que esto nos pasa a muchos. Más si quieres estudiar algo relacionado con arte, cine, música, etcétera. No sé por qué los adultos le temen a esas profesiones. Bueno, sí sé, por lo menos en México, mi país, es muy difícil sobresalir en la industria. No se valora tanto el arte y casi no se promueve la cultura (como merecen los artistas contemporáneos mexicanos, pero ese es otro tema).

Gracias a todas las experiencias que he vivido al dedicarme a lo que me gusta (y a veces a lo que no tanto), pienso que...

EL ÉXITO Y EL FRACASO SE NECESITAN MUTUAMENTE. ES MÁS, SIN EL FRACASO, EL ÉXITO NO SERÍA LO QUE ES. ☆

La escalera infinta

Seguro has visto o leído por ahí las inspiradoras historias de cómo antes de lograr tener éxito, personajes admirables como Bill Gates, Walt Disney, Steve Jobs o J. K. Rowling pasaron por uno o varios fracasos en sus vidas, incluso rechazos por parte de la sociedad. Si no hubieran intentado una vez más las cosas, si no hubieran sido necios con su idea, a pesar de lo que decían los demás, nunca los hubiéramos conocido de la manera en que lo hacemos hoy. Quizá hubieran pasado desapercibidos en la historia de la humanidad.

Da miedo, ¿verdad? Aceptémoslo, a todos nos da miedo el horrible fracaso. Pero ¿te has detenido a observarlo de cerca? Estamos educados para ver el fracaso como algo que nos quita mérito, como algo que si nos llega a rozar, aunque sea

un poquito, nos contagia con un virus de desdicha, desconfianza y desmotivación permanente.

POSIBLES FRACASOS

Pero bueno, vayamos un poco más lejos y veamos qué dice el diccionario de la palabra *fracaso*:

"Resultado adverso en una cosa que se esperaba que sucediese bien".

La realidad es que, si queremos, esta palabra no tendría por qué tener poder sobre nosotros. La usamos para representar algo que no salió como esperábamos en ese momento. Y ya. En ningún lado dice que define de forma permanente los resultados posteriores o que sea una condición humana.

Por lo tanto, lo primero que debes hacer para empezar a reconciliarte con ese miedo al fracaso es verlo como lo que verdaderamente es: experiencia. Thomas Edison, considerado el inventor más importante de Estados Unidos, creador del fonógrafo y de la cámara de cine, llamaba "experimentos" a todos sus fracasos. Lo que trato de decirte es que a través de mi propia experiencia de la vida en general he adquirido las lecciones más valiosas. Y todas ellas me han hecho madurar y crecer, pero sobre todo aprender. Han sido experiencias basadas en incomodidades, en pequeños fracasos que en su momento me tumbaron y me hicieron sentir débil, pero que a la vez me abrieron la mente y me impulsaron a ser más observadora y a seguir experimentando hasta que la cosa saliera bien.

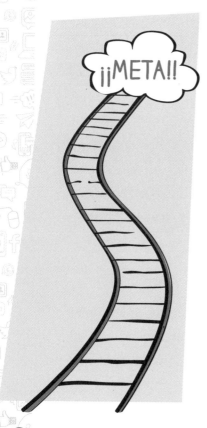

Imagina una escalera infinita. Bien. Esa escalera representa el éxito y la autorrealización. Como cualquier escalera, está hecha de escalones, pero en este escenario, cada peldaño representa las experiencias y lecciones de la vida. Subiendo esta escalera, algunas veces daremos un mal paso o iremos más rápido de lo normal. En otros casos, intentaremos brincar varios escalones a la vez. Y sí, puede que nos salga bien, pero a veces nos vamos a tropezar o nos caeremos o resbalaremos. Y en el peor de los casos, al caer retrocederás un par de escalones. Todo puede pasar. El chiste es levantarse cada vez que tropiezas con un escalón y seguir adelante. Nunca sentarte en él a lamentarte de por vida.

Errores básicos que cometemos al tropezar en un escalón

Culparnos por nuestra equivocación.	→	Recuerda que no eres perfecto, aprende de tus errores.
Pensar de más en la situación.	→	Lo que pasó, pasó, ¿qué puedes hacer diferente ahora?
Sentarnos a llorar por mucho tiempo.	→	Solo pierdes el tiempo en un pasado que ya no existe.

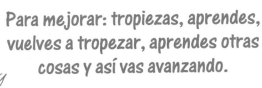

Para mejorar: tropiezas, aprendes, vuelves a tropezar, aprendes otras cosas y así vas avanzando.

Sé que cuando estás en el preciso momento del fracaso (como cuando te has dado cuenta de que no pasaste el examen de admisión o cuando te avisan que no se pudo concretar el negocio que tanto anhelabas) todo es turbio y el mundo parece caerte encima. Te sientas en ese escalón de la escalera del éxito sintiéndote bloqueado y frustrado, lloras y le das mil vueltas a las cosas. Dudas de ti y en tu mente solo quieres darte por vencido porque no puedes enfocarte más que en tu error, ¿cierto? Pues bien, aquí te dejo algunas recomendaciones para esos momentos.

Maneras de convertir el fracaso en una oportunidad de éxito

* Relájate: una mente molesta, acelerada y tensa, por lo general, no tiene espacio para pensar en soluciones reales.

* Acepta que te equivocaste: el orgullo probablemente no te deje aceptar que quedaste mal o que cometiste un error, lo que nos bloquea para ver las posibles alternativas.

* Pregúntate: ¿qué puedo aprender de esta experiencia? ¿Cómo puedo cambiar mis decisiones a futuro para lograr lo que quiero? ¿Qué puedo hacer ahora mismo?

Vamos a ver. Detengámonos un momento en lo siguiente: ¿qué es el éxito? Porque estamos hablando de cómo convertimos nuestra metida de pata en el gran éxito que merecemos, sí, fantástico, pero ¿qué es eso que buscamos todos? ¿Qué forma tiene? ¿Cuánto vale y dónde lo reparten? Si te pidiera que me describieras el éxito, ¿qué dirías? ¿Qué es el éxito para ti?

Estas mismas preguntas las he hecho varias veces en Twitter, Instagram y Facebook y las respuestas son tan variadas como las personalidades de quienes responden. Pero seamos profesionales y veamos qué dice el diccionario sobre el significado del éxito:

> **"Resultado, en especial feliz, de una empresa o acción emprendida o de un suceso".**

Oímos del éxito en todos lados y se supone que debe ser el resultado de todo lo que hagamos.

Pero ¿en verdad será que el éxito solo puede ser de una manera?

Todos los días los medios nos llenan la mente con estilos de vida lujosos, posesiones extravagantes, puestos de trabajo top, autos deslumbrantes, mansiones y viajes de ensueño. Y todo esto se nos muestra de la mano de un concepto único que nos orilla a creer que esa es la manera de alcanzalo.

En lo personal, creo que el éxito es simplemente hacer lo que te gusta porque lo disfrutas. De esta manera, jamás verás tu pasión como un trabajo y, con un buen plan y una buena estrategia, tu proyecto puede darte los frutos necesarios para solventarte y hacer tu vida a tu gusto.

Es igual de válido que tu mayor meta sea viajar a Asia y que me haga sentir exitosa conocer todos los estados de mi país.

AL FINAL, NO ES MÁS QUE ☆ CONSEGUIR Y DISFRUTAR HACER LO QUE QUIERES Y, POR ESO MISMO, ¿POR QUÉ MI META VALDRÍA MENOS O MÁS QUE LA TUYA?

No olvides que cada quien tiene un proceso diferente de aprender y crecer en la vida. No existe una ruta correcta o incorrecta, depende de cada persona y se debe respetar.

Para mí, el éxito es bastante subjetivo: es un viaje personal. Sin embargo, vivimos presionados por conseguir lo que creemos que es porque lo vemos en las celebridades o porque pensamos que ser exitoso es lo que nuestra familia dice.

Me ha pasado que familiares creen que lo que yo he logrado haciendo videos en internet no es motivo de orgullo o reconocimiento ni significa un triunfo. Para ellos, quizá sería exitosa si fuera cirujana o abogada, y está bien.

Me costó tiempo comprender que sus ideas no son un error y, por lo mismo, no deberían afectarme. Aprendí que la gente siempre vivirá desde su perspectiva, basada en sus propias experiencias y enseñanzas. Por eso no debes justificar tu felicidad ante opiniones ajenas ni quedarte con lo que piensen. Enfócate en tu camino, en los pasos que tienes que dar para conseguir tus metas.

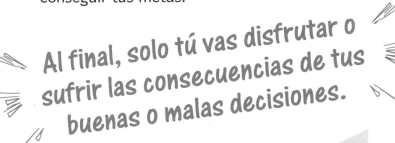

Al final, solo tú vas disfrutar o sufrir las consecuencias de tus buenas o malas decisiones.

Siempre he pensado que se nos orilla a elegir una carrera universitaria a muy temprana edad y, por lo general, sin la orientación necesaria. Las escuelas no prestan suficiente atención a las habilidades personales de los alumnos y pareciera que no se dan cuenta de que no todos somos buenos en matemáticas ni todos somos buenos en deportes. O sea, no nos guían como deberían y se nos da un menú con carreras que a veces no están actualizadas con lo que el mundo necesita hoy. (Hace apenas un par de años empecé a ver anuncios de cursos y diplomados para ser YouTuber, eso está muy chistoso.)

Por esto, preparé esta *Guía rápida para elegir una carrera universitaria*. En esta guía encontrarás los pasos a seguir para tomar esta importante decisión en tu vida, así que respira profundo y déjalo fluir. No es una ley ni la receta perfecta. Lo único que realmente importa es seguir tu instinto y lo que dicta tu corazón.

1. Conócete bien

Conocerte te ayudará a identificar mucho mejor tu personalidad y, aunque suene loco, esto puede darte una idea de qué carreras o profesiones van mejor contigo y con quien eres como persona. Detalles como tu carácter, tus debilidades y fortalezas, tus intereses y hobbies son importantes a la hora de elegir algo a lo que te quieres dedicar el resto de tus días. Esa actividad profesional puede ser mucho más divertida e interesante para ti si se complementa con tu personalidad y forma de ser.

2. Piensa e imagina tu trabajo ideal

Todos tenemos gustos y aficiones diferentes y eso nos hace individuos únicos. Algunos no soportan estar encerrados en oficinas, otros no toleran trabajar bajo presión y muchos otros quizá prefieran un trabajo en el que no se tenga que viajar mucho. Imagina tu trabajo perfecto: ¿cómo es? (Te recomiendo escribirlo con muchos detalles en un diario personal para visualizarlo mejor.)

3. Investiga tus opciones

Compara los diferentes planes de estudios, pregúntate si realmente te interesa aprender esas materias a lo largo de los años que estarás en la universidad. Busca orientación profesional en la escuela que te interese. Ve y habla con los estudiantes.

Tener una opinión realista de alguien que ya está estudiando ampliará tu panorama.

4. No te dejes influenciar por opiniones

Por miedo a perder una amistad, muchas veces un amigo puede influir en nuestra decisión. También nuestros padres, gracias a las experiencias que han tenido, prefieren que tomemos el camino que ellos ya conocen. Incluso por moda hay personas que deciden qué estudiar. Lo importante aquí es que te mantengas imparcial: deja de lado los comentarios de otras personas y pregúntate qué quieres tú en realidad.

5. Prueba un test vocacional

No son totalmente definitivos ni dictan la carrera obligatoria, pero te ayudan a saber más sobre tus intereses, gustos y habilidades. Si sientes que no sabes qué te gusta, estas pruebas pueden funcionarte muy bien. No te mostrarán el camino, pero al menos entenderás un poco más sobre ti.

Bien. Ahora que ya sabes cómo elegir tu profesión, te sientes motivado para conseguir tu título universitario, graduarte con honores y ser el mejor de tu generación, tengo algo que decirte:

¡no te claves!

Sé que emociona mucho ser el mejor de la clase

Además, es una gran muestra de dedicación y responsabilidad ser un buen alumno en la escuela. Pero tampoco te deprimas si no eres un alumno destacado. La escuela es una etapa que te forma de muchas maneras y cada quien la aprovecha de un modo distinto.

ALGO QUE NO TE DICEN EN LA ESCUELA (POR MIEDO A QUE HAYA CADA VEZ MÁS DESERTORES, SUPONGO) ES QUE LA VIDA REAL NO TE PEDIRÁ SACAR LA MÁXIMA CALIFICACIÓN SIEMPRE.

No te dicen que allá afuera la competencia laboral va mucho más allá de quién supo exponer mejor el tema de la clase. No nos dicen que la escuela, por sí sola, no va a ser suficiente y que no es el único camino que se debe recorrer para ser exitoso. Claro que ayuda muchísimo y si quieres ser un doctor cirujano, tienes que tener todos esos conocimientos que solo una carrera universitaria puede proporcionarte.

Pregunta frecuente: ¿vale cambiar de carrera?

Yo creo que sí vale, siempre y cuando estés bastante seguro de ello. Uno es dueño de su tiempo, eso nadie lo puede negar. Pero tampoco te recomiendo estar probando por probar.

Solo imagina a cientos de millones de personas graduándose con el mismo contenido de información. Todos, por lógica, deberían tener la misma oportunidad en el mundo profesional, pero no es así. Los mejores doctores son los que buscaron más allá de lo que les ofreció el sistema educativo, quienes se actualizaron con los temas de vanguardia y los que van a congresos médicos con frecuencia.

Así que tampoco dependas enteramente de lo que la escuela pueda darte. Absorbe lo más que puedas pero no te conformes. Siempre experimenta ser autodidacta. Aprende también por fuera, a tu ritmo, enfócate en lo que te guste más. Vas a ver cómo ser curioso te llevará a descubrir cosas que quizá en la escuela no mencionaron por falta de tiempo.

Entonces... ¿ya pensaste mejor qué es el éxito para ti? ¿Es exclusivo del mundo laboral o profesional? No lo creo. Puedes tener éxito profesional y, al mismo tiempo, estar pasando por un divorcio. Y esto no te hace un total fracasado.

LA VIDA NO ES UNA SOLA EXPERIENCIA: NO PODEMOS PENSAR Y SENTIR QUE TODA NUESTRA VIDA ES UN FRACASO POR UN SOLO MOMENTO.

Lo bello de vivir es que en un momento estarás arriba, en otro abajo y te tocará aprender de esas situaciones para volver a subir.

No rechaces esas oportunidades de crecer. Muchas veces son incómodas y dolorosas, pero agradécelas porque no todos pueden aprender de esa manera. Creo que definitivamente activan algo diferente en ti, te hacen más fuerte, más astuto, consciente y observador de lo que haces.

En pocas palabras, permítete mejorar cada vez que te equivoques.

En conclusión

Los "fracasos" son oportunidades de crecimiento y no definen el resto de tu vida.

El éxito es un conjunto de fracasos superados.

Cuando te equivoques, acéptalo, relájate y piensa qué cambiar para tener un resultado diferente.

Acuérdate de la escalera del éxito: dura lo que dure tu vida y las experiencias son los escalones. Si tropiezas en uno, sacúdete el polvo y sigue subiendo.

El éxito en la vida es subjetivo. Así que apégate a tu manera de ser feliz y exitoso sin compararte con los demás.

CAPÍTULO

AMOR

DESAMOR

EL ÚNICO QUE PUEDE DARTE EL
AMOR PERFECTO ERES TÚ MISMO.

Con la palabra amor seguro te viene a la mente una pareja, el día de San Valentín, un ramo de flores o quizá recuerdes a una persona en especial, esté o no contigo. Se me hace muy curioso que lo primero que pensemos con esta palabra sea el amor de pareja.

Y sí, sí contaré algo de ese amor en este capítulo, pero antes quiero que tengas en cuenta esto: no es el único tipo de amor que existe. **Existe el amor a la familia, el amor a los amigos y el amor propio.** Todos ellos los veremos más adelante, pero primero pongámonos románticos.

Por influencia de mis papás, que son un par de almas hippies románticas, y también gracias a las películas de Disney, cuando era una niña pequeña vivía ilusionada por vivir ese gran amor de cuento de hadas. Me emocionaba imaginar la llegada de mi príncipe azul que aparecía para salvarme. Pero ahora que he tenido tantas experiencias en ese ámbito, lo veo muy diferente. Solo que, en aquel entonces, lo que conocía como amor era ese cliché de cuento de hadas, el típico proceso de:

1. Conoces a alguien que te gusta.

2. Son novios.

3. La madrastra o las familias se oponen (pero el amor gana).

4. Se casan y tienen una hermosa familia.

5. Viven felices por siempre.

6. Fin.

Recuerdo muy bien la primera vez que me enamoré. Tenía alrededor de doce años. A esa edad no te lanzas así tan fácil a pedirle a alguien que sea tu novio o novia, mucho menos te atreves a decirle de frente lo que sientes. De hecho, a mí siempre me ganaban los nervios: no podía ni hablar a solas en la escuela

con el chico que me gustaba porque me daba mucha vergüenza. Pero al final conseguí mi noviazgo de niños y ni siquiera nos tomábamos las manos cuando estábamos juntos. Era muy inocente y ridícula la cosa.

Cuando pasaba caminando afuera de su clase, todos adentro gritaban: "¡Uuuh, se guuustaan, soon nooovios!". Yo me ponía superroja y caminaba velozmente para pasar rápido por ahí. En el recreo, cada día lo veía jugar fútbol mientras **le escribía una cartita con dibujitos** que le entregaba en el transporte escolar a la salida. (Les digo que soy bien cursi.)

Ay, el primer amor... Qué hermoso, ¿verdad?

Sí, nada supera la intensidad de la primera ilusión de amor hacia alguien. Por desgracia, esa primera ilusión viene de la mano con la primera vez que te rompen el corazón. Y todos odiamos esa parte: el final.

Es que, ahora que lo pienso, obviamente es poco probable que a esa corta edad encuentres a la persona indicada que pasará la vida entera contigo. ¡Claro que puede pasar! Y 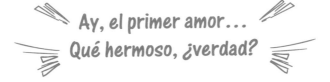**seguro hay muchos casos de parejas que se conocen desde el kínder.** Pero bueno, la mayoría no nos quedamos con quien nos prestaba las crayolas.

En fin, cuando a mis doce añitos mi primer noviazgo de caricatura infantil terminó (duró como dos meses o algo así), me sentí fatal. Sufría una presión en el pecho que no entendía, quería llorar todo el tiempo y, por primera vez, supe lo que era

odiar a alguien a quien quieres mucho. Como no había Facebook ni Instagram para stalkearlo, espiarlo o acosarlo me la pasaba haciendo tests en las revistas juveniles, de esos que decían:

"Contesta este test para saber si el chico de tus sueños está interesado en ti".

TEST DEL AMOR

Eso y escuchar hasta el cansancio las canciones tristes de Britney Spears y los Backstreet Boys.

Duele saber que la persona que creías perfecta e indicada para ti no lo es. Sobre todo porque, cuando estás enamorado,

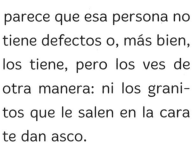

parece que esa persona no tiene defectos o, más bien, los tiene, pero los ves de otra manera: ni los granitos que le salen en la cara te dan asco.

El caso es que cuando pasa el tiempo, ese velo mágico frente a tus ojos empieza a caer en ambos. Y, vamos, no me refiero a que dejas de amar a la persona, pero **te vas dando cuenta de que debajo de esa fachada tierna y romántica hay un ser humano**. Y a veces él también se equivoca, como tú.

A esa edad me cayó un golpe de realidad bastante necesario, por cierto, después de tanta película de princesas. Y esa importante lección fue:

> **no importa cuánto amor sientas por alguien, la relación puede terminar de un día para otro y sin saber por qué.**

Ya sé que si tuviera esa edad y te dijera eso, probablemente me dirías:

"¡Ay ya, niña, termina tu tarea y deja de pensar en novios!".

Pero seamos honestos, todos pasamos por lo mismo. No puedes evitar la atracción humana, por lo tanto, no podemos bloquear las emociones hacia otra persona. Y siendo tan joven e inmaduro, totalmente ilusionado con lo que ves en la TV o en el cine...

LO QUE ESPERAS DEL VERDADERO AMOR ES ESO: VERDADERO AMOR Y YA.

Las batallas del corazón

Cualquier ruptura es dolorosa, pero creo que todos tenemos una experiencia en especial que nos ha dolido más y nos ha marcado de una manera profunda. La que a mí me marcó más ocurrió cuando tenía veinte años.

Fue la primera relación larga que había tenido (casi cuatro años). Entonces aprendí que cuando no estás bien contigo mismo, eventualmente tu vibra contagiará la relación, y eso hará que surjan problemas y dependencias emocionales.

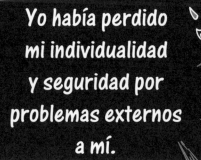

Yo había perdido mi individualidad y seguridad por problemas externos a mí.

Tenía la autoestima por los suelos porque mis papás se estaban separando, estaba rodeada de discusiones familiares y, de alguna manera, mi escape era depender totalmente de la otra persona. Esperaba que mi pareja me sacara del hoyo de tristeza al que yo misma había entrado por no tener una guía que me dijera qué hacer ante lo que pasaba en mi casa.

Aparte, y por egoísmo también, sin darme cuenta estaba arrastrando a esa persona en mi depresión e inseguridad, pues yo sentía que sin él no iba a salir adelante.

Obviamente a cualquier edad esto termina alejando a las personas, así que con mi actitud hice que existiera un distanciamiento entre nosotros. Empezó a generarse mucha toxicidad y ambos empezamos a cambiar.

En el momento en el que ya no éramos compatibles y no podíamos estar juntos por más tiempo, sentí que mi mundo se acababa.

No podía dejar ir lo que yo creía que era mi única salvación y estuve estancada en eso varios meses.

Muchos años después comprendí los errores que había cometido, errores que al final fueron parte de mi proceso de madurez y autoconocimiento.

TUVE QUE APRENDER DE UNA MANERA MUY DURA QUE LA ÚNICA PERSONA CON QUIEN CONTABA ERA CONMIGO MISMA

y que no importaba qué tan mal estuviera el mundo alrededor: nadie podría ayudarme a salir adelante más que yo.

Perder el respeto

Las relaciones no perduran si no hay respeto mutuo. Cuando el respeto desaparece, puede resultar en una ruptura o, peor, en violencia. Como sea, la mejor opción es siempre buscar la manera de redescubrirse y comunicarse desde el amor.

Responsabilizar al otro de nuestro bienestar

Sí, son una pareja, están para apoyarse, pero no le des la responsabilidad al otro de hacerte feliz. Una pareja sana y estable son dos personas que ya son felices con lo que son y tienen, y se unen para compartir esa felicidad. Si tienes un mal día o estás pasando por una etapa difícil o de depresión, no cargues completamente esa responsabilidad o culpa a tu pareja: no es su obligación ser tu terapeuta. Tú también tienes que ver por ti y hacer algo.

Guardarme las cosas

Así como tú no puedes leer la mente de tu pareja, ella tampoco tiene ese superpoder. Así que esconder tus pensamientos y emociones solamente te servirá para reprimirlos y causar problemas. Si tienen una discusión y de verdad quieres que cambie su actitud ante algo: ¡dile! La comunicación es la clave.

Querer estar 24/7 a su lado

Yo sé que quieres estar con esa persona especial todo el tiempo y qué lindo es estar juntos, pero no se asfixien el uno al otro. Debes respetar la individualidad de tu pareja, así como la tuya. No te hagas dependiente de salir únicamente acompañado de tu pareja. Ten tus propias metas y proyectos personales que te hagan pasar tiempo contigo a solas, tienes tu propia mente y tu pareja la suya. Después podrán compartir con el otro todo eso.

Dejar de tener detalles

Muchas veces dejamos de ser detallistas o de enamorar a nuestra pareja porque ya nos sentimos seguros y confiados de estar ahí. Este error es muy común y poco a poco va opacando la relación. No olvides que si decides estar con alguien, debes esforzarte para mantener la relación día a día, mes a mes. Hacer que la otra persona sienta que sigues interesado es clave para que la relación dure.

Celos sin fundamento

Los celos enfermizos al final solo pudren la relación.

SI NO TIENES FUNDAMENTOS, NO HAGAS HISTORIAS EN TU CABEZA.

Ser inseguro solo hace que tu pareja sienta que quizá no sabe demostrarte que te quiere y esto quiebra la confianza, pues crea un ambiente de dudas y de paranoia ante cualquier cosa.

A lo largo de la vida he tenido varias experiencias en forma de noviazgos, cada uno de esos ciclos con lágrimas y risas me enseñaron aspectos bastante valiosos de la vida y, sobre todo, de mí misma. Alguna de esas lecciones no podía verlas o comprenderlas en ese preciso momento, pero ahora entiendo perfecto por qué pasaron así y por qué tuve que aprenderlas de esa manera.

Hoy en día, la verdad es que agradezco a mis exnovios porque en ese momento de compañía me enseñaron a conocerme mejor y, gracias a los errores que terminaron nuestro tiempo juntos, pude crecer y madurar.

Es muy importante que sepas que **en una relación no todo será siempre color de rosa o miel sobre hojuelas,** como dice mi mamá. Toda pareja va a encontrar obstáculos y tendrá discusiones.

Imagínate:

cada persona tiene un universo en su propia cabeza.

Por lo tanto, no puedes esperar que tú y tu pareja siempre estén en armonía o de buen humor. Es normal, incluso, que encuentres algunos defectos en esa persona que amas y ella en ti.

Lo importante es que **si decides estar con una persona que sea porque la aceptas tal como es,** porque cuando la amas solo te enfocas en todas las virtudes y valores que te aporta. No olvides que esa persona tiene sus propios pensamientos y su manera única de ver las cosas. Además, esa persona fue educada de una forma distinta a ti. Es decir, es diferente y, solo por eso, **es imposible que el 100 % del tiempo estén de acuerdo en todo.**

¡decido estar contigo!

Lo que sí puedes hacer **para mantener una relación sana es estar siempre dispuesto a escuchar, hablar las cosas** y así tratar de entender la perspectiva del otro. No tienen que coincidir o convencerse de lo que piensas, pero sí respetarse, aunque no coincidan. Me he dado cuenta de que muchas desilusiones amorosas suceden porque nos hacemos una idea errónea de la persona y, al final, pensamos que nos lastiman a propósito por ello. Por eso es muy importante saber que las personas te amarán como pueden, no como esperas que lo hagan.

El único amor que podemos recibir completamente a nuestro gusto es el que nos damos a nosotros mismos.

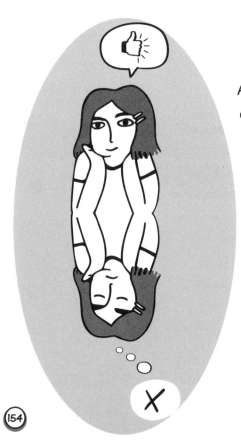

Ahora bien, terminar con alguien no tiene por qué ser solamente tristeza y un suceso vacío que solo te deja el corazón roto. Esta experiencia trae también muchas cosas lindas y valiosas, como:

1. **Tiempo para estar contigo, conocerte mejor y darte mucho amor propio**

   Ama la soledad y disfruta todas esas cosas que te gusta hacer. Ve al cine solo, prueba algo nuevo en un restaurante que no conocías,

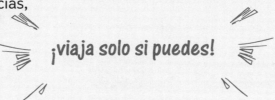

   ## ¡viaja solo si puedes!

2. **Oportunidad de renovarte**

   Redescubre quién eres. ¡Anímate a probar ropa diferente o a cambiar tu look!

3. **Conocer mejor tus emociones**

   Tras una ruptura, sentirás que estás en una montaña rusa. Te entristecerás y, segundos después, te enojarás y volverás a llorar para, al final, terminar riéndote de tu situación. **Deja fluir todo y conoce a fondo tus emociones.**

4. Tiempo para agradecer

¡Sigues vivo! El mundo no se acaba, aunque parezca que sí. Da gracias por seguir respirando. Aún permaneces completo y puedes seguir buscando o haciendo lo que te gusta. **¡Y hay todo un mundo por descubrir!**

5. Conocer gente nueva

También es el momento perfecto para aventurarte y **darle la bienvenida a nuevas personas** que sigan aportado energías positivas a tu vida.

6. Redescubrir la verdadera amistad

Ponte de nuevo en contacto con tus amigos y sal más con ellos. **Las personas que de verdad te quieren estarán ahí para ti,** para acompañarte por un helado, hablar y ofrecerte un hombro para llorar si lo necesitas.

7. Tiempo para pensar

¿Qué aprendiste de esta relación? ¿Qué no quieres que vuelva a pasar y qué necesitas cambiar de ti para mejorar?

8. Oportunidad para hacerte más fuerte

Saber que nada nos pertenece (y que no podemos tener el control de todo) nos ayuda a dejar ir y ser más resilientes.

9. Bomba creativa

Tienes el poder de transformar esa ira, tristeza y enojo en inspiración para tus proyectos. Y no importa si eres creativo o no, esa fuerza interior es una energía superpotente que puedes usar para dar un esfuerzo extra en tu día a día. ¡Demuéstrate que puedes lograr lo que sea a pesar de las circunstancias!

10. Oportunidad para sanarte desde dentro

Para lograr superar una relación, lo mejor es alejarse y darse tiempo. Aprovecha para reconectarte contigo y perdonarte para poder seguir adelante.

¿Dónde está el amor?

¿Entonces? ¿Qué es el amor? ¿Dónde está escondido y cómo se mantiene? Porque de lo que más me preguntan es sobre eso... **¡¿Cómo encuentro el amor, Cajafresca?!** A ver, querida personita bella hermosa que está leyendo mi libro, presta mucha atención a lo siguiente:

> **el amor está en todos lados, empezando por ti.**

Para mí, el amor es dar energía. Seguramente para otros el amor sea muchas otras cosas, porque el amor es complejo. Pero verlo de esta manera lo hace simple de comprender y practicar: dar energía. **Se trata de buscar el bienestar del otro y ser compasivo.** Esto puede aplicar tanto para tu pareja, como para ti mismo, tu mamá, tus hermanos o tu mejor amigo.

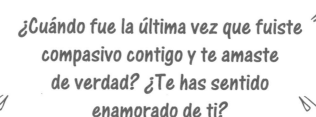

¿Cuándo fue la última vez que fuiste compasivo contigo y te amaste de verdad? ¿Te has sentido enamorado de ti?

Bien dice RuPaul, el presentador estadounidense, drag queen, actor, modelo, cantante y compositor: "Si no te amas a ti mismo, ¿cómo diablos vas a amar a alguien más?".

¡Claro! Y es que, al amarte a ti, al estar enamorado de ti, no te hace falta nada ni nadie. Mi amiga Claudia Lizaldi me dijo eso una vez y tiene razón. Cuando te enamoras de ti y del ser que eres, cuando estás seguro de lo que puedes ofrecer porque estás pleno y ya eres un ser completo, solo queda compartir con alguien igual de completo que tú. Esto sería lo ideal: individuos completos y plenos dispuestos a compartirlo.

Lo dice la canción de Fey, pero no te creas eso de buscar tu media naranja. Como sabrás, esta expresión se utiliza para representar al amor ideal, ese de cuento de hadas que dura para siempre y que mencioné al inicio. Así que déjame decirte que:

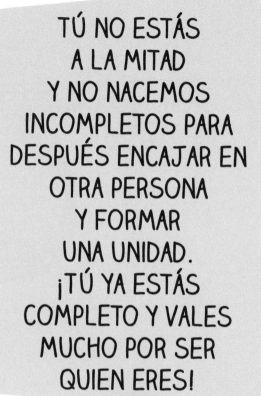

TÚ NO ESTÁS
A LA MITAD
Y NO NACEMOS
INCOMPLETOS PARA
DESPUÉS ENCAJAR EN
OTRA PERSONA
Y FORMAR
UNA UNIDAD.
¡TÚ YA ESTÁS
COMPLETO Y VALES
MUCHO POR SER
QUIEN ERES!

Al enfocarte en ti, en buscar esa felicidad y plenitud en tu vida, atraerás a personas en la misma frecuencia que ya estén dispuestas a compartir lo mismo.

¿Qué es lo que pienso del amor actualmente?

Con lo poco que he aprendido, porque sé que me falta muchísimo por experimentar y asimilar en temas del amor, podría decirte que no es algo que pueda definirse porque todo el tiempo está evolucionando.

Lo que sí puedo decirte es que el amor es una fuerza increíble. El amor que siento hoy es poder pensar en esa persona en el presente y poder imaginar un futuro con ella. Es compartir la vida con mi mejor amigo. Tener esa libertad, confianza y seguridad de poder ser yo misma, sin miedo a que me juzguen, pues sé que me ama y acepta tal y como soy. Es tener ganas de planear mis logros con la ayuda de ese ser amado. Para mí, el amor hoy significa querer ver a quien amo triunfar y ser parte de su felicidad.

El amor es...

Nota importante

No te deprimas si no tienes pareja. Crecimos en una sociedad que nos enseña que para ser felices debemos tener compañía, pero no es verdad. Cada vez más personas se dan cuenta de esto y deciden estar solteros. Créeme: ¡no tener compromisos tiene sus ventajas! En vez de lamentarte porque aún no es tu tiempo de conectar con alguien, saca provecho de tu soltería.

Remedio contra las familias tóxicas

Hablando de amor verdadero y puro, la primera persona que nos ama incondicionalmente, sin límites y nos entrega todo de sí sin esperar nada a cambio es nuestra mamá. Claro que hay excepciones lamentables. Pero el amor maternal es un claro ejemplo de lo que es esta ofrenda de energía de amor, del cuidado y atención por el bienestar de otro.

Pregunta frecuente: ¿qué hago si no me llevo bien con mi familia?

Muchos me escriben muy tristes y desesperados preguntando qué se puede hacer para que los padres entiendan lo que queremos o nos dejen ser nosotros mismos. Muchos otros tienen historias desgarradoras de familias rotas o de padres que ofenden y castigan sin razón.

Así como en una relación de pareja cada individuo tiene su punto de vista y su manera de ver el mundo, en una familia, que tiene más integrantes, es normal que surjan los conflictos. Pero hay una gran diferencia entre eso y catalogar a una familia como tóxica. ¿Cómo saber la diferencia? Te las digo a continuación.

CARACTERÍSTICAS DE UNA FAMILIA TÓXICA

* Abuso o violencia

Nada justifica el abuso físico o psicológico, esto puede ocasionar problemas en los integrantes, como baja autoestima o sentimiento de culpa.

* Exceso de control

Nos envuelve en una dependencia emocional y la persona que es controlada no puede desarrollar su individualidad.

* Falta de comunicación

La falta de comunicación genera sentimientos de incomprensión.

* Conflicto constante

Que exista el conflicto es natural y a veces necesario para evolucionar y aprender. Sin embargo, cuando las peleas son frecuentes e intensas, acaban desgastando a los miembros de la familia.

* La adicción al alcohol/drogas

No importa si es una o varias personas de la familia, una adicción puede provocar dificultades económicas y emocionales.

* Alto nivel de exigencia o expectativas

Necesidad de que los hijos estén a la altura de las expectativas de los padres. Esto no solo genera estrés, también ocasiona sentimiento de insuficiencia.

* Poca responsabilidad por parte de los papás

En ocasiones nuestros padres son inmaduros y tienen poca responsabilidad. Solo recuerda que a nadie le enseñan a ser papá. Muchos inconscientemente hacen que los hijos asuman un rol de adulto desde muy temprana edad, hecho que no es nada saludable.

Bien dicen que no elegimos a nuestra familia y es verdad. No puedes deshacerte de ellos de un día para otro o escaparte a otro continente. Siempre que sea posible, pon de tu parte para solucionar los conflictos y mejorar el ambiente familiar. Sin embargo, si ya has intentado de todo y sigues sufriendo por la toxicidad que hay, te recomiendo ir pensando en cómo cuidar tu salud mental y equilibrio emocional. Pero ¿cómo hacerlo?

* No pierdas el respeto

Afronta las cosas de manera tranquila y saludable, sin actuar de manera impulsiva.

* Expresa lo que sientes

Ya sea con un amigo o familiar de confianza, saca todo lo que sientas, no reprimas tus emociones.

* Pon límites

Tus decisiones son tus decisiones, no dependas de la aprobación de nadie para seguir tu camino.

* No intentes cambiar a nadie

Acepta que algunas personas no cambian sencillamente porque no quieren hacerlo y, aunque suene egoísta, debes preocuparte por tu bienestar antes de querer salvar a quien no quiere ser salvado.

* Convive con personas positivas

Aprovecha para pasar más tiempo con gente que te haga sentir bien.

* Toma tu distancia

Alejarse de los familiares tóxicos puede ser de gran ayuda, pero también puede traer otras emociones difíciles de comprender. Siempre que sientas que no puedes tomar la decisión tú solo, pide ayuda a un profesional.

Todo esto puede sonar muy difícil y triste. Todos tenemos historias distintas dentro de la familia, sean buenas o malas, y tus papás siempre serán tus papás, al igual que tus hermanos. No importa qué camino tome cada uno o si siguen juntos o separados: la familia siempre compartirá la sangre.

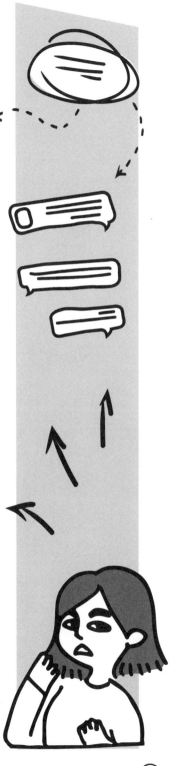

NO TE PERTENECE

Yo creo que **siempre es mejor hacer el intento de arreglar las cosas, pero también creo que hay límites y cada uno conoce los propios.** Así que si estás pasando por una situación difícil en tu casa o entre familiares, no dejes que esa situación tome el control sobre ti. Eres solo una parte de ese clan y no tienes por qué cargar con problemas que no son tuyos ni tomar un bando en discusiones que no te pertenecen.

No heredes un patrón de pensamiento que no te funciona:

no odies a una tía solo porque tu mamá la odia ni dejes de hablarles a tus abuelos maternos porque tu papá no se lleva con ellos. Aprende a identificar lo que te pertenece y lo que no. Hay que ser valientes para decir: "Hasta aquí, no quiero involucrarme más en este ciclo de rencores". Hazlo, se vale. Toma todas esas cosas lindas que hay en tu familia (en todas existen) y guárdalas contigo. Y si un día formas tu propia familia, recuerda aplicar lo que aprendiste.

Amor en la amistad

La familia que sí elegimos son los amigos.

Desde que somos pequeños, la necesidad de compartir nos hace tener amigos: en el kínder nos prestábamos los colores, en la secundaria íbamos al cine juntos, después fiestas, viajes y más. Y cuando te das cuenta: ¡de pronto han tenido mil aventuras juntos!

Guardo muchísimas imágenes de mis amigas de la infancia y yo jugando a la casa del terror o al programa de radio o diseñando una coreografía o yendo a explorar el monte (les juro que hacíamos eso y no le teníamos miedo a las arañas). También nos prestábamos las muñecas a veces, pero solo a veces, porque lo cierto es que no me gustaba prestar las mías.

Internet me ha dado varios amigos entrañables que se han convertido en mi familia. Y he llorado, me he peleado, he viajado y vivido cosas con ellos que no podría disfrutarlas igual con mis familiares o mi pareja. Siempre agradezco tener amigos que están ahí para mí en momentos de urgencia, de desesperación y tristezas. Pero **¿cómo identificas a un buen amigo?**

* Te brinda apoyo emocional sin juzgarte.
* Te escucha.
* Acepta tus defectos.
* No traiciona tu confianza.
* Es tu terapeuta cuando te equivocas.
* Te dice la verdad, aunque te duela.
* Te perdona sin guardar rencor.
* Te ayuda a crecer como persona.

En fin, **tus amigos son esos compañeros de vida con quienes te atreves a explorarlo todo y a hablarlo todo.** Pero ¿cómo saber si son amigos de verdad? Mucha gente sabe fingir muy bien que es tu amigo. Puede parecer la persona más confiable para contarle tus secretos y después te llevas la gran decepción porque ha estado hablando de eso a tus espaldas. También están los que te hablan por algún interés propio.

Es difícil saber con seguridad si una persona tiene buenas intenciones o no, más si eres de los que se abren fácilmente y dan su confianza a cualquiera. **¿Cómo identificar a un amigo falso?**

* Aparece en los buenos momentos y se esconde en los malos.

* Le gusta criticarte y sacar a relucir tus defectos.

* Te critica o corrige a tus espaldas.

* No le interesa tu vida personal, solo la fiesta.

* No se alegra por ti.

* Desacredita tu éxito, se burla o se queja por tus logros.

* Te busca solo cuando necesita algo.

No siempre conservarás a los mismos amigos, bien lo dicen las abuelas:

"Los verdaderos amigos se cuentan con una mano".

Y sí, a todos nos pasa que al crecer maduramos y cambiamos nuestra manera de pensar y de ver el mundo.

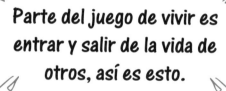

¿QUÉ PASÓ?

Es muy triste cuando tu mejor amiga de la infancia ya no lo es cuando son adolescentes porque parece que es otra persona. Pero ¿qué ha pasado con la relación de amistad que tenían? ¿Por qué se pierde tan de repente?

Parte del juego de vivir es entrar y salir de la vida de otros, así es esto.

Y aunque quisiéramos que una amistad durara toda la vida, no siempre es así.

En ocasiones será el tiempo o la distancia lo que haga que tomen caminos cada vez más separados. Pero otras veces las amistades se pierden porque hubo algún problema o pelea. ¿Te has peleado con un amigo al grado de dejar de hablarle?

Me ha pasado que amistades se quiebran para siempre, aunque se haya intentado perdonar y reponer. Esto es, como ya dije, porque la gente cambia y es normal cumplir con esos ciclos y seguir adelante en son de paz. Siempre puedes quedar en buenos términos con alguien y, aunque ya no se vean ni hablen tanto, saben que estarán ahí cuando se necesiten. Mientras pasa la vida, llegarán nuevas amistades que compartan tu nueva visión y con las que crearás nuevos recuerdos y aventuras.

QUEDARÁ EL RECUERDO DE TODOS LOS AMIGOS QUE YA NO ESTÁN. EN TU CORAZÓN SIEMPRE HABRÁ UN LUGAR ESPECIAL PARA ELLOS.

En conclusión

Eres un ser completo, no necesitas de un compañero amoroso para ser feliz.

No esperes que la gente dé por ti lo mismo que tú das.

Aprende de tus relaciones fallidas.

Ama tu soltería, aprovecha el tiempo contigo.

No puedes escoger a tu familia, pero puedes decidir que no te afecte.

No heredes el patrón de pensamiento de familiares tóxicos.

Los amigos van y vienen, los verdaderos siempre estarán ahí.

EPÍLOGO

Te quiero agradecer por haber llegado hasta aquí, palabra a palabra. Gracias por dejarme compartir contigo las enseñanzas que me han servido para vivir menos estresada y presionada por el deber ser.

Ahora lo sabes: tienes en tus manos el poder de cambiar tu vida con actitud, por eso quiero que sigas recordando quién eres. No permitas que eso que ha despertado en ti a lo largo de estas páginas se desvanezca. Prométeme que cada que sientas que no puedes más, volverás a la página que te hizo sentir motivado y recordarás que cualquiera que sea tu meta, se encuentra al otro lado del miedo, ¡no lo olvides!

De ahora en adelante, serás más consciente de lo que piensas de ti mismo. No lo tomes a la ligera porque es lo que proyectas y también lo que los demás verán. Sabes que no basta con las herramientas que te he dado en esta lectura y que día con día tendrás que poner de tu parte.

Déjalo fluir no es solo un libro, es una guía para volver a creer en ti, para dejar la negatividad atrás y empezar de cero. Estoy segura de que tu visión ha cambiado, de que estás ansioso por empezar a hacer esos grandes cambios y beneficiarte con los resultados que generan a tu alrededor. No tengas prisa ni esperes ver todo ese esfuerzo reflejado de un día para otro. Sé paciente y, sobre todo, sé amable contigo durante este proceso, que es para todos.

Espero que mi experiencia te sirva de algo (por lo menos a ayudar a otro que lo necesite). Nunca olvides que emanamos energía: nuestra vibra es lo que el universo mandará de vuelta. Así que, aunque a veces sea muy difícil mantener una buena actitud, nunca dañes a otros en el camino ni hagas sentir menos a nadie, pues la vida da muchas vueltas y tenemos el mismo derecho a equivocarnos y aprender de ello. Por más difícil que sean tus días en este momento, recuerda que nunca está mal pedir ayuda, no hay nada de qué avergonzarse.

Deseo de todo corazón que a partir de este momento tu energía despierte más fuerte que nunca y que de verdad sientas ese llamado a estar mejor, a empezar a amarte. Y cada que un obstáculo se presente en tu puerta, deseo que sepas verlo a los ojos, lo superes y sigas adelante con más luz.

Como tú, seguiré creciendo y viviendo cosas nuevas. Puede que algunas lecciones no sean las que esperábamos o que en un futuro aprendamos cosas nuevas que nos hagan pensar diferente, pero te invito a fluir con eso. Te invito a que busques la evolución constante para lograr estar en paz contigo y con lo que te rodea.

Quién iba a decir que todo lo que me ha pasado, bueno o malo, se resumiría aquí. Y que plasmaría mis aprendizajes de esta manera, como una oportunidad para llegar más lejos. Espero inspirarte a hacer lo mismo: a convertir toda experiencia en una oportunidad para aprender algo más de la vida, de la gente, de cómo funciona

el mundo y de cómo puedes usarlo a tu favor. ¡Estás aquí y ahora, es momento!

Gracias de nuevo por dejarme ser parte de tu camino al autoconocimiento y al amor propio. Ahora es tu turno de aplicar lo aprendido, de demostrarte que te importas.

Esto va con todo mi cariño, hasta pronto.

CAJAFRESCA

AGRADECIMIENTOS

A mis padres, Consuelo y Armando, por dejarme ser yo en todo momento y confiar incondicionalmente en mis ideas y sueños. Por intentar todo para mi bienestar y el de mis hermanos. Los amo.

A mis talentosos hermanos, Katy y Mau, que han sido mis compañeros de risas y juegos toda la vida. Siempre contarán conmigo.

A mis abuelos, por sus enseñanzas y cuidado. Por mostrarme lo que es el esfuerzo. A tita Irma, por enseñarme lo mejor de la cocina mexicana y el valor de la fe. A mi tita Blanca, por enseñarme a ser una mujer independiente y con coraje ante las adversidades. A mi padrino, por su inspiración a llegar lejos, su gran apoyo y por no juzgarme.

A Rishi, por siempre empujarme a ser mejor, complementarme y hacer los momentos más felices. Te amo.

A mis mejores amigas, Ale y Atenas, por crecer conmigo como hermanas y seguir ahí para escucharnos.

A Tato Pozos (SoyTato), por ser el primero en invitarme a la comunidad de YouTube y ser siempre un amigo al que puedo acudir.

A Marion Islas, por toda su ayuda cuando era nueva en la ciudad, por ser mi amiga y guía ·cuando más lo necesitaba.

A Arturo (Morfo), Ixpanea, Héctor (Benshorts), Pato González, por ser parte importante de mi vida y ser los mejores *roomies*, porque nos apoyamos siempre.

A Daniel (SirPotasio), por ser una extensión de mi cerebro, mi cómplice de aventuras, un hermano en otra dimensión y mi mejor amigo, ¡te quiero!

A toda la comunidad de youtubers, tuiteros, instagramers y creadores de contenido en general con quienes he cruzado palabras, intercambiado inspiración, platicado de conspiraciones y vivido momentos inolvidables: ustedes hacen del internet un lugar muy cool.

A todos mis seguidores, los cajalácticos. Por el apoyo y amor infinito, por seguirme a lo largo de este camino incierto y creer en mi perspectiva del universo, los amo.

A todas las personas que se han cruzado en mi vida, familiares o extraños, que me han enseñado algo por más mínimo que sea, que me han ayudado de alguna forma, gracias.

A VR Editoras, Daniel Mena y el equipo de Effect, por creer en mis proyectos y mi manera de ver las cosas, por toda su ayuda para conseguir esas metas.